以阿德勒爲人生教練的一年

工作、人際、收入都變好的一年

小泉健一 著
陳聖怡 譯

前言

要不要試著全力翻轉自己的人生？

大家好，我是上班族兼人生教練小泉健一。

翻開這本書的你，或許心裡正想著：

「我聽過阿德勒心理學，但不太清楚它在講什麼。」

「我看過阿德勒心理學相關的書，但總覺得好難懂。」

我目前是一名以販售商品為主的業務員。除了正職之外，雖然我也有擔任人生教練、出版電子書兩份副業，不過在這之前，我就是隨處可見的普通上班族。

・上班時總想著「趕快下班吧」，週末則是和朋友去喝酒、聽喜歡的樂團演出，藉此紓發自己的壓力。

・薪水幾乎全都花在自己的興趣和購物上，沒有存款。
・對閱讀或學習這種能幫助自己成長的事毫無興趣。

這種生活與其說平凡，搞不好比平凡更不如……

所幸我在人際關係上算是頗受眷顧，除了有心愛的妻子，與父母手足的關係也很融洽，還有重要的朋友，公司裡的同事們也都很好相處。

只不過當時的我，既沒有想好好精進、鑽研，甚至是沉迷的事，也沒有想用盡畢生心力達到什麼成就。

這樣的我因爲某個機緣，深受阿德勒心理學的啓發，開始到處搜羅、閱讀阿德勒心理學相關書籍，並嘗試與現實生活結合在一起。

這個舉動，讓我的生活發生了變化——

・找到工作的價值、擔任重要的職務，樂於當個上班族。

- 找到「成為人生教練」的夢想，希望能從旁協助客戶改善人生。
- 擁有與本業薪資相當的副業收入，財務上變得富足。
- 養成每天早上五點起床學習的習慣。
- 成為每年閱讀超過一百本書的愛書人，學到能活得更幸福的智慧。

而且，這不過是我在一年內的改變。

我會在這本經過精心編排的書籍中穿插個人的經驗，完整道出實踐阿德勒心理學一年後，我的人生有了什麼樣的轉變，也讓各位透過閱讀身歷其境，落實於現實生活中。

「阿德勒心理學畢竟是心理學，不是用來落實於生活中的吧？」

各位也有這種想法嗎？事實上，阿德勒心理學不是只有理論，而是必須使用才有意義的「使用的心理學」。

這邊先跟各位聊聊我受到阿德勒心理學震撼的經驗吧。

以前的我認爲，現在的自己是由過去的經驗、性格與價值觀塑造而成，長大之後，人生就定型了。但阿德勒心理學的思維不一樣，主張只要改變未來的「目的」，任誰都能隨時開始改變。

我不僅將這項思維應用於自身，也透過人生教練的工作、撰寫電子書和部落格文章傳遞給大家。

結果我得到了令人開心的迴響，像是「我原本以爲阿德勒心理學很難，但你寫得非常簡單好懂」，或是「這讓我也想實踐看看」之類的。

原本一無是處的我，居然能對別人有所貢獻——這一切都要多虧阿德勒心理學。

人生隨時都能改變。就連身爲平凡上班族的我，也在短短一年裡改變了。

翻開這本書的你，一定也能辦到。

希望有更多人的人生，能因爲阿德勒心理學變得更豐富。

序章

阿德勒心理學竟然能如此改變人生！

第1章 阿德勒心理學是什麼？

——關於這個能解決所有煩惱的理論

第2章

我眞正想做的事情，到底是什麼？

——第1個月．發現自己的核心

第3章

怎樣才算是做自己想做的事？
——第2～3個月．做自己人生的主角

第4章

爲什麼與人往來如此令人疲憊？

——第4～6個月．人際關係改革

第5章

如何才能隨心所欲地工作與生活？

——第7～9個月．重新評估環境

第6章 什麼是眞正的幸福？——第10～12個月・讓人生加倍滿足

序　章

阿德勒心理學竟能如此改變人生！

有一天，單調乏味的日子發生了變化

「人是可以改變的，世界無比單純。是『你』把世界變複雜了。」

這是心理學家阿爾弗雷德．阿德勒的名言。

你現在的人生過得充實嗎？或是覺得人生很苦？

你正面臨困境嗎？

阿德勒認爲，讓人生變得艱難的，正是我們自己。

「朋友背叛我。」

「我被公司開除了。」

「父母跟我斷絕關係。」

「我離婚了。」

「我在工作上闖了大禍。」

面臨這些煩惱的人想必很多。

但阿德勒卻說，是我們爲自己招來了困境。

正在閱讀這本書的讀者裡，想必有人無法接受這種觀念。

我剛接觸阿德勒心理學的時候，也對這種凡事歸咎於自己的觀念感到困惑，無法接受（這種事事要由自己負責的觀念是根據「創造性自我」和「認識論」而來，後續會再說明）。

但在我學習並實踐阿德勒心理學以後，現在的我認爲，阿德勒說得一點也沒錯。

在進入這一章前，我想先簡單聊聊自己在接受並實踐阿德勒心理學後，發生了什麼變化。

原本的我，是個會燃燒自己、照亮他人、希望自己對別人而言有用處，還會以討好他人爲優先的人。

比方說，在學生時代，如果有人拜託我什麼事，就算我不想做，也會因爲不願讓對方失望而答應下來。就算跟朋友出去玩，我也不會說自己想做什麼，而是優先滿足朋友的心願；甚至還有朋友曾對我說：「你可以多表達自己的看法，想做什麼就儘管說。」

即使出社會、到公司上班，我也只會按照指令、遵照公司的方針來工作。

工作時，我滿腦子只想要獲得上司的認可。

但這樣的我就只是公司的一枚棋子，身心都變得憔悴。

「工作雖然開心，但一點也不充實……」

這就是我二十多歲時的心聲。

同事和主管都是很好的人，我不必爲職場上的人際關係煩惱，而且我本來就很喜歡跟別人交談，所以一點也不覺得業務行銷的工作很辛苦。

但我這輩子都沒有什麼想做的事（其實是根本連想都沒想過），怎麼說都算不上是充實的生活。

話說回來，我可能完全不在乎自己有沒有什麼想做的事……

想要工作以外的「價值」

在即將滿三十歲的前夕，我遇見了阿德勒心理學。契機就是「教練」（coaching）。

教練是一種溝通技巧，透過協助客戶採取行動和改變，以實現對方的理想與目標為最終目的。

這種透過對話和提問引導出客戶深層思想的手法，有點類似心理諮商。

當時的我其實感到迷惘：我是個只會奉命行事的上班族，接下來這幾十年，如果一直待在同一家公司、重複相同的工作，眞的幸福嗎？

可以的話，我想藉由興趣或其他就算沒錢賺也能感到充實的事物，幫助自己找出上班族以外的價值。

我本來就很喜歡聽別人說話，學生時代也經常陪朋友談心。因此，當我考慮要不要去學一些心理諮商相關知識的時候，正好碰到了在當人生教練的熟人。

他建議我去了解「阿德勒心理學式的教練」。

這就是我第一次接觸阿德勒心理學。

當時，《被討厭的勇氣》已是暢銷鉅作，我當然也聽說過「阿德勒心理學」這個名詞，但對它一無所知。

於是，我立刻去報名了體驗課。

……結果太驚人了。我從未思考也不曾想過的結論，以及自己的想法，就這麼浮現出來。

我剛開始接受教練時，完全是被動的。因爲我以爲，就算我什麼都不做，教練應該也會引導我吧……

但所謂的教練根本不會提建議，也不會引導客戶。

就只是尊重客戶的意願。

「你想怎麼做？」

「假如你能做任何事情，而且沒有人會干涉你的話，你想做什麼？」

我至今仍記得，自己當初聽到這些問題時，感覺有多麼新鮮。因爲我從來不曾認眞思考過「自己想怎麼做」。

後來透過這套教練課程，我發現「想在喜歡的時候待在喜歡的地方」才是我的眞心話。

同時，我也明白現在的工作方式無法實現這個心願，於是我開始思考，自己究竟想怎麼做。

人生教練與阿德勒心理學的連結

這也是與阿德勒心理學相通的思維。

進行教練時，不會管對方過去的經歷如何，一律從這個角度提問：

「現在的你想怎麼做？」

「你希望自己有什麼樣的未來？」

它的基礎跟阿德勒心理學的思維是相同的，因為阿德勒心理學的特色之一，就是「思考未來」。

阿德勒心理學有一項重要的論點，稱為「目的論」，意思是「人類的所有行動和情感都有其目的」。

另一方面，心理學家佛洛伊德提倡的則是「決定論」，主張「人的行動和情感都必定有原因」。**思考的是過去，而非未來。**

目的論和決定論可以簡單歸納如下：

．以前曾在上臺簡報時搞砸了，為了不再出糗（目的），所以對很多人說話時會緊張。——這是「目的論」（思考未來）。

．以前曾在上臺簡報時搞砸了（原因），所以對很多人說話時會緊張。——這是「決定論」（思考過去）。

兩者都有相同的事實：「以前曾在上臺簡報時搞砸」和「緊張」。對於一項事實，要用決定論來思考，還是用目的論來思考，取決於你自己。

阿德勒心理學注重的是目的論。因爲就算用決定論來思考，也無法改變未來。舉剛才的例子來說，決定論認爲，只要曾有搞砸簡報的經驗，就無法擺脫「會緊張的自己」。

但目的論認爲，只要改變「不想再出糗」這項目的，就能改變行動。

如果能調整一下想法，變成「就算出糗也沒關係，只要充分準備、盡全力去做就可以了」，應該就不會再害怕上臺做簡報了。

我的人生因爲這種思考方式而有了目的。

你是不是也會用「我就是這種個性」「我過去的成果就是這樣」「以前沒做過」之類的理由自我設限呢？

只要改變目的，你隨時都能開始改變自己。

現在的我很快樂

學生時代的我，沒有任何與眾不同的經歷，也沒有出類拔萃的成就。

我這個人普通到就連在求職面試時，也完全拿不出什麼豐功偉業來幫自己加分。

所以我在教練中被問到「你想要做什麼？」時，根本無法立刻回答。

然而，我透過教練認識了阿德勒心理學的思考，閱讀了好幾本阿德勒心理學

目的論 vs. 決定論

阿德勒的名言

「人的所有行動和情緒都有目的。」

決定論

以前曾因為搞砸而出糗，所以感到抗拒…… → 緊張

我本來就很怕生…… → 不主動搭話

將過去的經驗和自己的性格，
當成不願採取行動的原因

↓

現狀永遠不會改變！

目的論

不想再像以前一樣出糗…… → 緊張

不想勉強跟別人打好關係…… → 不主動搭話

只要改變目的，就能改變過去經驗和自己性格所代表的意義

↓

現狀可以改變！

相關書籍、了解他的理論後，便不再深陷於過去，開始思考現在的自己想做什麼、想創造什麼樣的未來，產生了目標和理想。

說個題外話，想學習某項新事物時，建議各位可以多閱讀幾本主題相同，但由不同作者所寫的書籍，有助於獲得更多不同觀點的見解，除了能讓我們獲益匪淺，也能幫助我們彙整出自己的觀點。

我可以篤定地說，現在是我人生中最快樂的時候。

透過阿德勒心理學，現在的我找到了上班族以外的價值，從事人生教練和寫作；此外，我身上也發生了很多變化：人際關係變好，生活習慣也改善了。

我可以保證。

只要實踐阿德勒心理學，人生就會改變。

本書按照時間順序，寫出我實踐阿德勒心理學這一年來所發生的變化。

大致上來說，我身上發生的改變有這些：

- 為毫無目標、單純奉命行事的上班族生涯找出價值。
- 在上班族的身分之外，找到了自己想做的工作（教練、作家）。
- 幾乎不再因人際關係和心理狀況感到身體不適。
- 養成保持身心健康的習慣。
- 賺到足以隨意運用的財富，不必再忍耐不做自己想做的事。

「不知道自己想做什麼。」
「我有人際關係的煩惱。」
「心理狀態很不穩定。」
「找不到人生的意義。」

如果現在的你多多少少有這些念頭，請務必跟隨本書的引導，一步步實踐阿德勒心理學。

第 1 章

阿德勒心理學是什麼？

——關於這個能解決所有煩惱的理論

阿德勒心理學的理論架構

在解釋阿德勒心理學以前，我先說明一下阿德勒為什麼要建立這套理論。

阿德勒心理學的創始人阿爾弗雷德．阿德勒，與佛洛伊德、榮格並列為近代心理學三巨頭。

阿德勒是一名醫師。

而他自己也飽受疾病之苦，在二十七歲成為執業醫師。

在以醫師身分觀察眾多病患的過程中，他開始思考情感和心理，以及人類的幸福。

後來，他將這些思想整理成體系，建立「阿德勒心理學」。

阿德勒心理學的理論可分成「目的論」「創造性自我」「整體論」「人際關係論」「認識論」這五項，其終極目標是「社會意識」。

此外，還包含了能讓自己有勇氣克服挑戰的「賦予勇氣」與「課題分離」的兩項技巧。

只要熟悉這些，就能活出自我。

人類是活在社會裡的動物，必須與其他人有所關連。

阿德勒自己也宣稱，**「所有煩惱都是人際關係的煩惱」**。

事實上，阿德勒心理學的所有理論對人際關係來說都十分有用，能幫你找回自我。

過去的我從來不曾主張自我——不知道，也不表達自己的想法；如今我卻有很多想做的事、每天都過得相當充實，這也是多虧了阿德勒心理學。

在說出我的親身經歷前，先一一認識阿德勒心理學的全貌吧。

阿德勒心理學的全貌

阿德勒的名言

「所有煩惱都是人際關係的煩惱。」

理論

創造性自我

人生可以由
自己決定

整體論

身與心是相連的

目的論

所有思考、情緒和
行動都有目的

人際關係論

所有煩惱都源自
與他人的關係

認識論

用自己想要的方式
看待事物

社會意識

歸屬於社群的感覺
（終極目標）

技巧

課題分離

將自己的課題與
對方的課題
分開思考

賦予勇氣

給自己克服困難
的力量

目的論：所有思考、情緒和行動都有目的

首先要說明的是阿德勒心理學的「目的論」。

目的論是指「所有思考、情緒和行動都有目的」的思考方式。

而思考、情緒和行動所指的方向，也必定有「人」的存在（這一點會在第4章詳細說明）。

了解自己「爲了什麼」而對某人產生「思考、情緒和行動」，這就是目的論的核心。

雖然前面曾拿佛洛伊德的「決定論」和阿德勒的「目的論」進行比較，但這並不是說追溯原因不重要。

如果不找出工作出錯的原因，仍會有重蹈覆轍的風險。但追溯原因終究是爲了「達成目的」所需要的參考資訊罷了。

釐清原因，努力避免再次失敗，像這樣爲了達成目的而追究原因，才會有效果。如果只是爲了對過去哀嘆埋怨，不僅毫無意義，還徒勞無功。

「爲什麼我會做出這種事……」

「都怪我個性太差，才會傷害對方……」

就算一味思考這些事，也不會帶來任何助益。

既然無法改變的事實已經明擺在眼前，思考「從今以後」——也就是自己想怎麼做、爲了什麼而行動，才是更重要的。

換言之，思考現在和未來的「目的論」，所要主張的就是「不論何時，人生的意義都能改變」。

也因此，阿德勒心理學才會被稱爲「勇氣心理學」。

創造性自我：人生由自己決定

「人是描繪自我人生的畫家。」

這是阿德勒所說的話。

人生可以由自己決定。不論什麼事，我們都可以選擇做與不做。

這就是「創造性自我」，也可以稱爲主觀性。

或許你曾有過下列想法：

「我想出國留學，可是父母不答應。」

「我不想做，但不做會被主管罵。」

「我沒錢，所以辦不到。」

「我有想做的事，但我現在無法辭職，而且不換環境的話，根本辦不到。」

這些眞的都是事實嗎？

這裡再舉一句阿德勒說過的話：

「不是無法改變，而是人自己決定不要改變。」

阿德勒認爲，所謂的「不想做卻還是做了」，或是「想做卻無法做」，其實都是「人生的謊言」。

舉例來說，也許你認爲「我並不想製作會議資料，但不做的話，會惹主管生氣，所以還是做了」。

但是從阿德勒的角度來看，既然是不想做的事，別做不就好了？只是比起選擇不做，你更不想惹主管生氣，所以才去製作會議資料。

「不想做卻還是做了」這種扭曲的想法，事實上是在欺騙自己。因爲你其實「想做，所以去做了」。

只要根據阿德勒心理學來思考，人隨時都能開始改變。

阿德勒將性格稱爲「生活型態」（life style），因爲他認爲「性格是可以改變的」。

「畢竟我就是這種個性」「我天生害羞內向」「我就是怕生」……你是否也曾用這些與性格有關的描述當成藉口，局限自己的行動呢？

在阿德勒看來，這些都算不上理由，因爲性格是可以改變的。

他主張，性格會在五歲左右開始成形，在十歲大致完成。由過往經驗形塑而成的思想和情感，會建構你的價值觀、形成現在的你。

也就是說，性格是你從小到大的「傾向」。

因此，只要開始思考將來的事、改變自己的行動、增加更多經驗，將來的生活型態（性格）就能改變。

當你聽到「連性格都可以改變」的時候，心裡有什麼感覺呢？

如果你懷疑「這怎麼可能」，那麼請務必讀到最後。

整體論：身心是相連的

「人類的身心是不可分割的一個整體。」

這就是阿德勒所提倡的「整體論」。

前面提過，阿德勒認爲「不想做卻還是做了」是在欺騙自己，這也是整體論的思考方式。「心」不想做，但「身」去做了，兩者乍看之下互相矛盾，但兩者其實是一體的（眞心想做，所以去做了）。

除此之外——

「我想減肥，但就是無法不吃零食。」

「我想戒菸，但就是無法不抽菸。」

「我想看書，但待在家裡就是會無所事事、上網追劇。」

任誰都會有這種明明想戒掉壞習慣，卻又無法放棄的心情；但這些行爲背後的眞心，應該都是「不想放棄」。

例如「我想減肥，但就是無法不吃零食」，背後所隱藏的眞心是：

「我想減肥，是爲了讓大家覺得我很可愛（帥氣），但運動好麻煩，去健身房又很花錢，所以我不想做，而且我希望能吃自己想吃的東西。」

請記得，「人類的身與心、意識和潛意識並不會互相矛盾，而是會共同合作，滿足同一個目的和需求」。

阿德勒心理學又稱爲「個體心理學」，英文是「individual psychology」，雖然大家都知道「individual」是「個人、個體」的意思，但這個字眞正的意思是「in-dividual」，也就是「不可分割的」。

阿德勒提倡的個體心理學，是以「意識、潛意識、行動、情感，全都朝向同一個目的」的整體論爲基礎。

他還說過：「我們會考慮整體得失，爲自己的目的做出選擇並行動。」

我在聆聽客戶的煩惱時，也會注重「整體論」的觀點。

之所以這麼說，是因爲不論什麼煩惱，只要提高它的抽象度，通常都能反應出當事人的價值觀。

比方說，職場上的人際關係、與父母之間的溝通、財務上的問題……這些煩惱看似各不相干，但其根源的想法大多是相同的。

解決煩惱時，「整體論」的觀念也非常有用，希望各位能牢記在心。

人際關係論：所有煩惱都是人際關係的煩惱

所有煩惱都是人際關係的煩惱。思考、情緒、行動都必定有對象。

這就是「人際關係論」的觀念。

人們會因爲自身的人際關係而改變目的和行動，只要觀察這個變化，就能了解對方的生活型態和本性。

阿德勒曾以醫師的身分問頭痛患者：「你的婚姻生活美滿嗎？」

患者聞言後勃然大怒，看來他的婚姻生活並不美滿。

阿德勒認爲，疾病不可能單獨發生，因爲一個人會與他身處的社會（家庭、公司、朋友、鄰居等等）互相影響，形成他現在的樣子。

現在也有許多人致力於「追尋自我」，但這不是光靠個人行動就能找到答案的，因爲人需要與他人有關，才會形成個體。

透過從過去到現在的家庭關係、朋友關係、上司與下屬的關係……累積起來，我們才能明白「自己是什麼」。

沒有人可以獨自生存下去。人類自遠古以來就是群居生活。

這一點至今從未改變。

即使是一個人生活或繭居在家，我們仍會一邊感受到自己與某些人的連結，一邊活著。

人類的行動和情感，都是在面對別人時才會產生的。

即使「工作不順」是個人的煩惱，與他人無關，但這仍是因爲我們會產生「對同事／家人感到抱歉」或「沒面子」等想法——在意他人的眼光才會產生的。

因此，發現自己有煩惱時，建議各位可以想想「這分情感是面對誰而產生的」。

認識論：用自己的標準看待事物

阿德勒曾說：

「戴上粉紅色鏡片的人，會誤以爲世界是粉紅色的。」

「戴上粉紅色鏡片」的意思是「所有人都是透過自己的目光來觀看世界」，也就是「每個人都是用自己想要的方式看世界」。

這種「用自己想要的方式看世界」的觀念，就稱爲「認識論」。

阿德勒深受和他同時代的德國哲學家漢斯．費英格（Hans Vaihinger）影響。費英格著有《彷彿哲學》一書，阿德勒受到書中概念啓發，提出了「虛構目的」（fictional goal）的概念，也就是覺得「彷彿（as if）世界的樣子正如我們所設想的」。

這裡所謂的「彷彿」是指**「人類不會去看世界的事實，而是透過自己的思考、情緒、價值觀，爲事實賦予意義。」**

事實不會改變，感受和解讀才會因人而異。

哲學家尼采也說過：「沒有事實，只有解釋。」

這句話與阿德勒的認識論是同樣的道理。

人都會透過自己的「生活型態」（性格、過去的經驗），去解釋當下發生的狀況。

比方說，從小就不曾受到稱讚、很沒自信的人，較容易以負面態度思考；而在樂觀積極的家庭裡長大的人，較能以正面態度去思考。

曾被他人所傷的人，或許會認爲「這個社會很冷酷」。

這種心態攸關他過去的人生經驗。

據說，「經營之神」松下幸之助會在面試時問求職者：「你的運氣好嗎？」

很多人都認爲，運氣是天注定的，所以只能憑自身觀點解讀運氣好壞。

他應該就是基於這種想法提問的吧。

他十分重視員工能否以「人生能有這些經歷很幸運」的心態，來看待自己遇過的困境、課題和艱辛。

我也深深體會到，阿德勒心理學的「認識論」，是能讓自己活得更輕鬆的重要思考方式。

「我對世事的認知是什麼呢？」

只要思考這個問題，就能解決自己的煩惱。

比起客觀的事實，阿德勒更重視一個人如何思考、如何解讀際遇和他人。

以上就是阿德勒心理學核心的概要，包括了「目的論」「創造性自我」「整體論」「人際關係論」「認識論」這五項。

接下來，我會爲各位說明「賦予勇氣」的技巧、「課題分離」的思維，以及「社會意識」的思考。

建立良好人際關係的三項訣竅

阿德勒心理學也被稱爲「勇氣心理學」，因此「賦予勇氣」的技巧可說非常重要，它能幫助你建立良好的人際關係。

這裡所說的「勇氣」，分別是指：克服困難的活力、接受結果和負責的能力、在社群中與他人合作貢獻的能力。

賦予勇氣：勇氣可以克服困難

根據阿德勒心理學的「目的論」，每個人都希望能朝著目的採取行動。

同樣是「想出人頭地」，有些人是爲了「獲得家人的認同」，也有人是爲了「擁有自信」。而只要開始行動，幾乎都會遭遇困難和課題。

這時，克服困境的關鍵在於自己是否具備「勇氣」。

除了激發自己的勇氣，如果還能激發他人的勇氣，就能獲得信賴、建立良好的人際關係。

以前我工作遭遇挫折時，曾因主管的一句話激發了勇氣。

他對我說：「幸好這項工作是交給你做。」

這句話讓我產生了「要再加把勁」的心情。

假如我因爲工作做得好而獲得了「做得很棒」「好厲害」等讚美，那麼一旦成果不如預期，我很可能就會否定自己，覺得「我眞沒用」。

主管這句話並不是針對我的工作成果，而是看見了我努力的過程才這麼說，也才會讓我產生「下次要再加油，好好表現」的念頭。

所謂的「勇氣」，並不是要你行事魯莽，也不是要你去衝鋒拚命，而是聚焦於目的、相信「我辦得到」，並爲了達成目的設法克服難關的力量。

此外，自己的事要自己做出決定後再行動，並由自己承擔結果和責任，這也是一種勇氣。只要培養出這股力量，就算有困難阻擋在前，也能憑藉自身的能力去克服。

激發他人的勇氣也一樣。

尊敬他人，不因是非優劣有所分別，而是單純尊重這個人本身。

無條件接納對方的一切，告訴他「你都做了這麼多準備，一定沒有問題」，讓對方相信「我一定辦得到」。

這就是激發他人勇氣的行爲，也能建立有效的人際關係。

我可以很肯定地告訴各位，這種勇氣不論對自己或對方都非常重要。

課題分離：區分自己與對方的課題

「課題分離」是指不論事物和想法，都要先區分「自己的事」與「他人的事」，再進行思考，也就是區分自己與對方的課題。

人際關係的煩惱，多半是因爲沒有做到「課題分離」。

舉例來說，我們會對干涉自己的人不耐煩，或是因爲自己介入他人的事情、試圖操控對方而惹人厭……

在我以前的職場上，有個人總是在打混摸魚，用現在的話來說，就是「薪水小偷」。

我很不爽這種人不做事還能領薪水，但如今回想起來，當時的我並沒有做到課題分離：工作要拚命還是偷懶，全部取決於他自己，我沒有資格干涉；我也不必與那個人比較，只要專注在自己的工作上就好。

維持良好人際關係的祕訣，就是「不干涉對方，只專注於自己的課題」。

順便一提，我在學習心理學時，由於認爲它起源於哲學，所以也開始閱讀哲學書。其中建立於西元前的「斯多噶哲學」，在概念上與阿德勒心理學最爲接近。

比方說，它主張：

「專注在自己可以改變的事物上。」這一點和「課題分離」是相同的。

「只要遵循宇宙的秩序和法則，順應自然、不加以違抗，就能獲得幸福。」

這一點也與後面會提到的「社會意識」十分相似。

閱讀哲學書籍，讓我得以更深入理解阿德勒心理學。

言歸正傳。在思考「課題分離」時，希望各位能留意一件事：課題分離不等於自我中心，也不等於袖手旁觀。

比方說，「這就是我想做的事，就算惹人厭也無所謂」或「對方的行爲造成我的困擾，但因爲這是對方的課題，所以我也沒辦法說什麼」，這些想法都是不正確的。

以下列舉的情況，都是同屬自己和他人的「共同課題」。

一、受到他人拜託。

二、他人行動的結果造成自己的困擾（反之亦然）。

三、會對他人的人生造成嚴重影響。

所謂的「共同課題」，就是自己與他人朝同一個目標前進時必要的課題。

受到他人拜託時，如果你「想幫助他」，那麼對方的課題也會變成你的（不過，千萬不能只壓抑你自己的需求）。

當他人的行爲不利於你時，你應該貫徹自己的主張。

假設朋友找你商量煩惱，你老實告訴他「有錯的是你」，朋友卻因此不開心。你或許會想：「我是不是說了什麼得罪他的話？」「他是不是覺得很受傷？」但對方要怎麼想，是他自己的事。你會煩惱是在所難免的，但如果在意到輾轉難眠，這件事就會變成你的課題，你就有必要確認朋友的想法了。

此外，如果朋友涉及犯罪、即將對他的人生造成嚴重影響的話，你就應該果斷插手干涉。

課題分離並不是要我們變得自我中心，也不是要冷漠待人，而是不該干涉他人的行爲和情緒等無法控制的事情。

另一方面，如果是自己與他人共同的課題，就不需要勉強課題分離。遇到煩惱或困擾時，不妨先從思考「這是誰的課題」開始。

社會意識：活在社群裡

「獲得幸福唯一的方法，就是對他人有所貢獻。」

這是阿德勒的觀點。

「社會意識」是阿德勒心理學的中心思想，重要到連他本人也認定這是「人類的終極目標」。

「人類」這個詞的格局太大，或許會讓人覺得「好像很難」並敬而遠之。

當年，阿德勒擔任軍醫時，就曾質疑「為什麼人類非得互相殺害不可」，並思考「人們該怎麼做才能獲得幸福」。

而他想出的答案，就是社會意識。我對阿德勒的思想頗有同感，認為這個概念才是獲得幸福的祕訣。

所謂的社會意識，就是體認到「自己是自身所屬社群的一分子，並生活在其中」，這也是一種「不只是爲自己，也要爲社群貢獻」的感覺。

爲什麼這種想法很重要？因爲人是需要活在社會裡、與他人有所關連，才能活下去的生物。

我們不可能在與他人毫無瓜葛的狀態下活著；另一方面，因爲在社群裡格格不入而導致的悲劇也時有所聞。不論是在學校遭到霸凌而自殺的學生，或是從小就不受家人疼愛的孩子在成年後誤入歧途，都是典型的案例。

這更顯得我們需要「社會意識」。

因爲重點在於要爲了他人，甚至是爲了社會利益而行動，而不是一己之利，也才能因此對周遭的人產生夥伴意識和歸屬感。

阿德勒說：

「只要培養社會意識，就能擺脫所有困境。」

接下來，爲各位介紹能培養社會意識的「接納自我」「信任他人」「爲他人貢獻」和「歸屬感」。

能獲得社會意識的行動 1 接納自我

「接納自我」是指接受最眞實的自己。

也就是不論長處和短處，接受自己所有的一切。「社會意識」關乎與他人建立連繫，如果無法接納自我，就無法達到這個目標。我個人認爲，接納自我是獲得社會意識最根本的基礎。

能獲得社會意識的行動 2 信任他人

「信任他人」是指把周遭的人都當成夥伴接納，也就是培養「身邊的人都是夥伴」的意識。

要做到這一點，重要的是接受別人最眞實的模樣。只要能接納自我，自然就會親近周遭與自己相似的人、產生夥伴意識。

如此一來，你就會認爲「身邊的人都是夥伴」，並能感到安心。

如果你認爲「身邊全都是敵人」，那麼，也許可以先了解一下自己爲什麼會有這樣的判斷。

能獲得社會意識的行動 3 為他人貢獻

爲他人貢獻，是接納自我、接受自己最眞實的樣貌、對其他人產生夥伴意識、並能信任他人之後，才會產生的期待。

當自己逐漸獲得滿足時，就會產生「想對夥伴有所貢獻」的心情。

這就是貢獻他人。

能獲得社會意識的行動 4 歸屬感

接納自我、信任他人，並漸漸培養出爲他人貢獻的心情後，就會產生「我能待在這個社群裡」的歸屬感。

當這些全都獲得滿足以後，就能得到「社會意識」。

「接納自我」「信任他人」「為他人貢獻」，最終可以得到「歸屬感」。

這種「歸屬感」，就是「社會意識」。

由此可見，想為他人及社會貢獻的念頭，能讓我們覺得自己活著，也就是感到幸福。

以上就是阿德勒心理學的整體概況。

光是聽這些概念，或許還是不太容易理解。

下一章開始，我會告訴各位，我在實踐阿德勒心理學後，究竟發生了什麼變化。

第 2 章

我真正想做的事情，到底是什麼？

——第1個月．發現自己的核心

「想做些什麼來改變人生」的想法

第1個月的我

- ▼煩惱這種平日全心全意工作、週末紓解壓力的生活「繼續下去好嗎」。
- ▼在意別人的評價，無法暢所欲言。
- ▼沒有特別想做什麼，感覺不到充實。

「這樣下去真的好嗎？」

三十歲即將到來時，我心裡冒出了這個想法，開始隱約對將來感到不安。

在這之前，我完全不用擔心家裡沒錢讓我念大學，與家人和朋友的關係也都很好，每天都過得很開心。而且大學畢業後，我進入現在的公司上班，每天都能俐落地完成自己的工作。

三十歲，大約是我出社會的第七年。公司裡的大家都是好人，跟家人朋友也都相處得十分開心；但也僅止於「就是很開心」，這種日子並沒有讓我覺得充實。

或許是因爲我不曾帶著「目的」去行動吧。想跟朋友出去就出去，想買衣服就買，我只會做當下想做的事而已。在我接觸阿德勒心理學以後，才發現自己竟是如此。

第一次察覺自己眞正的想法

即將年滿三十歲的我，面對自己還要在這家公司工作幾十年，卻沒有特別想做什麼、就這麼得過且過的狀況，開始產生「這樣下去好嗎？」的感覺。

當時我去了一趟尼泊爾，沒想到那次經驗成爲我人生的轉捩點。

這段經驗也能用阿德勒心理學來解釋，所以請容我稍微聊一下。

當時，聽說高中時代的朋友加入海外青年志工團，正在尼泊爾工作，於是我就跑去找他了（二話不說就飛去不熟悉的國家，行動力實在值得嘉獎）。其實我並沒有特別想去那裡做什麼，只是因爲沒去過那個國家，就憑著一股好奇心飛過去了。

爲什麼在尼泊爾的經驗會成爲我人生的轉捩點呢？理由有兩個：第一個理由，是我親眼目睹朋友在海外青年志工團工作的身影。

他和我一樣，大學畢業後便成爲上班族。

但他感受不到自己的工作有任何價值，爲此相當苦惱。

聽說就是在那個時候，他接受了教練，找到自己想做的事，並在工作三年後辭職，加入海外青年志工團、飛到了國外。

「教練是什麼？居然可以這麼快就讓人找到想做的事？」

這是我第一次聽到「教練」這種東西。

我看著朋友全身散發出光采。

他正全力做著自己想做的事情。

雖然加入海外青年志工團後，收入比以前少得多，但他過得很幸福。

我記得很清楚，當時的我看到他這副模樣，心裡覺得他「很帥」。

於是，覺得好像有點不上不下、搞不清楚自己想做什麼的我，內心似乎有什麼逐漸沸騰了起來。

「……我也想做些什麼。」

我是這麼想的。

而尼泊爾成爲我人生轉捩點的另一個理由，是我見識到尼泊爾孩童的心態。

據說，尼泊爾是亞洲數一數二貧窮的國家，沒有熱水可用，電力設施也不普遍，經常停電（就我拜訪的那座村子來說）。

雖說整頓首都加德滿都的基礎設施是首要之務，但郊區和距離首都很遠的村落狀況實在很糟糕。志工團提供援助的對象，就是像這樣的村子——他們當然也寄宿在村裡。

我對那裡的孩子印象非常深刻。或許他們的物質生活眞的很缺乏，但他們亮晶晶的雙眼卻無一不散發著光芒。

「我長大以後要當足球選手！」「我想去學校學很多東西！」我聽到好多孩子這麼說。

他們純眞地訴說將來的夢想，和感嘆「無事想做」的自己相比之下，他們閃亮的程度不由得讓我爲之震驚。

同時，我也非常羨慕這群孩子。

我下定決心，「我也要找出自己想傾盡畢生心力去做的事」。

教練是什麼？

回國不久後，藉由其他朋友介紹，我認識了正在從事教練的人。

一聽到「教練」這個詞，我便想起那位在尼泊爾的朋友。

那陣子，我不斷聽到「教練」這個詞。

教練是在背後推動我朋友的力量。

我查了一下「教練」這個詞，才知道它的意思是**「面對自己眞正的心情、引出自己的想法」，以及「爲了實現目標、獲得成長而與教練討論」**。

也太剛好了吧！正適合想找到眞正目標的我！於是我立刻去上了朋友介紹的那位教練所提供的體驗課程。

而對方提供的，正是「以阿德勒心理學爲基礎的教練」。

只上了一次教練課程的我，並沒有馬上找到自己想做的事。

但讓我驚訝的是，如果光靠自己，根本不會發現我「想在喜歡的時候待在喜歡的地方」，但它卻能帶出我內心的想法。

教練的目的，就是引導出客戶的想法、促使他行動。所以，可以透過「你想怎麼做？」「可以更具體說出那件事是什麼嗎？」等提問，逐漸深入內心，探索自己的想法。

以前我不曾面對自己的心，因此這次經驗讓我感覺十分新奇，並對教練產生了興趣。

在此同時，我也受到阿德勒心理學吸引，開始更進一步學習。

「課題分離」帶來的震撼

在那之後，我愛上了阿德勒心理學的思考方式，找了許多相關書籍來讀。因爲他的思維非常正向，甚至還被稱爲「勇氣心理學」，秉持著「人隨時都能改變」的立場。

他爲虛度了大把時光的我賦予了非常多勇氣。

我曾經疑惑：「三十歲了才想要投資自己，會不會太晚？」但阿德勒心理學給了我勇氣，讓我能抱持「就算過了三十歲，一樣可以改變」的想法，而這也是我行動力的源頭。

開始學習阿德勒心理學後，我第一項實踐的概念是「課題分離」。這種思考方式對我造成的衝擊可說無比巨大。

所謂的**「課題分離」，就是無論事物和想法，都要區分成「自己的事」與「他人的事」來思考。**

人際關係的煩惱根源，絕大多數都是因爲沒做到「課題分離」。

你有過這樣的經驗嗎？

「朋友每次都遲到，讓我很不爽。」

「事情都是我在忙，另一半什麼都不做。」

「為什麼這個人總是已讀不回？」

這些全都是因爲涉入了「他人的課題」，才會感到煩惱。

我們本來就無法操控他人，無法要求對方的行動和情緒反應都如自己所願。

朋友遲到是他自己的課題，不做家事也是伴侶的課題。

過去的我也曾爲人際關係煩惱，心裡常感到不解：「爲什麼他要做這種事？」

「不懂他爲什麼要這樣做。」

但在了解阿德勒心理學的「課題分離」後，我才明白，自己本來就不可能控制對方，也無法完全理解對方。

每個人的價值觀都不同，所以不可能完全理解別人的心思。

正因爲如此，人類才需要透過言語對話。

後來，我就改變了對待別人的方式。

當我感到不耐煩、心生不滿時，就會思考：這件事究竟是我自己的課題，還是別人的課題？

我們畢竟是人，不可能馬上消解內心的暴躁，只能避免在不悅情緒湧現的瞬間，將這股情緒發洩在別人身上。如果用質問的態度指責對方：「你爲什麼要講這種話？」直接將情緒甩過去，馬上就會演變成爭吵，導致人際關係惡化。

採取「課題分離」的思維，改變對待他人的方式，漸漸的，就不會對別人感到不耐煩了。

接下來，我也開始實踐**「說自己想說的話」**。

一直以來，我都是以他人爲中心，總是把自己想做的事、想說的話放到最後，卻會優先顧慮別人想怎麼做。

不再以別人爲優先

「以他人爲中心而活」，意思是自己的行動主體是別人。

舉例來說，剛出生的小嬰兒不可能以他人爲中心而活。

只要肚子餓，不管母親有多忙碌，嬰兒馬上就會放聲大哭；想玩的時候，也毫不顧慮周圍的情況，一定要玩到自己滿意為止。

所有人都一樣，小時候都是「隨心所欲」、過著「以自我為中心」的生活。

然而當我們長大成人、與他人產生關連後，就會開始在意身邊的人，也因為想討別人歡心，學會了「以他人為中心」。

這絕不是說不該顧慮他人，而是一旦「討人歡心」的態度變成了「博取好評」，並將它視為生存價值的話，我們滿腦子就只會想著「非獲得他人的好評不可」。

比方說，一個從小到大總是受到眾人稱讚的好學生，畢了業、出了社會，進入與過去截然不同的組織，突然發現沒有人誇獎他了，很可能就會失去自己賴以為生的支柱。

一直以他人的評價為「主食」，反而會讓生活變得困難重重。

這裡再告訴各位一個阿德勒心理學的重要概念。

以自我為中心 vs. 以他人為中心

阿德勒的名言

「將自己的事與他人的事分開來思考。」

以他人為中心	以自己為中心
遵循社會的標準，無視自己的心情	只要有想做的事，就算放棄穩定的工作也在所不惜
把這件事交給別人會不會造成對方的負擔？會不會被討厭？	充分讓對方了解狀況以後再交辦工作
因為比不上別人而沮喪。在意他人的評價	不與同事比較，只跟過去的自己相比並努力
配合對方來做決定。自己沒有意見	不在意周遭的反應，在會議上積極發表意見

那就是「縱向關係」與「横向關係」。

阿德勒主張不可以「稱讚」，因爲這種行爲會形成主從關係，建立上對下的縱向連結。他還說過：

「不可以稱讚。稱讚等於是告訴對方『我的地位比你高』『反正你不可能成功』。」

比方說，下屬不會稱讚上司，不會對主管說「你好棒」。

「稱讚」這種行爲，必定是以上對下的方式進行。

得到地位高的人稱讚會覺得開心，是因爲「獲得對方認同」。但如果我們本來就認爲對方「辦得到」，是不會用「好厲害」「了不起」來讚美對方的。正是因爲心裡想著「我以爲你辦不到，但是你辦到了」，才會說對方「好厲害」。

要是習慣得到讚美，當別人沒稱讚自己時，就會心生不滿；漸漸的，不但會開始厭惡沒獲得認同的自己，也會爲了博取讚美而做自己不想做的事、嫉妒被稱讚的其他人。

這樣下去，就會讓生命的重心變成以他人爲主。

一旦以他人爲中心，就會只在乎別人的反應，卻越來越難以表達自己的想法，因爲在意他人的眼光，也只意識到對方的期望。

所以，不要把如何評價自己的標準放在別人身上。

自己的言行舉止是否能討對方歡心，取決於對方。要是一味追求別人的回報，就會覺得「我都對你們這麼好了，爲什麼你們就不肯用同樣的方式對我呢？」，並擅自討厭起對方。

我會絕口不提自己的想法

自我懂事以來，我一直都很在意他人眼光。

前面提過，我會讓朋友決定要玩什麼，爲了避免自己表達意見後卻惹人嫌，我總是完全配合朋友的期望。

在課堂上，我不想出錯丟臉，所以從來不曾舉手發言，這個習慣在出社會工作後依然改不掉，因此在會議上我也不曾發表意見。

我總是以「怎樣才不會被朋友討厭」「怎樣才能得到公司的肯定」爲基準來行動，過度在意別人，結果什麼都做不到。

在我接觸到阿德勒心理學的「課題分離」後，才終於明白自己以前完全是以別人爲中心。

爲別人著想並不是壞事，而且是很體貼的行爲。

但如果是建立在自己的一味忍讓之上，就只會徒增自己的痛苦。無法體貼自己的人，也無法體貼他人；即使能一時壓抑自己，這種體貼也無法長久。

首先要對自己體貼。將自己擺在第一位。

下定決心後，我開始在一些非常瑣碎的小事上實踐課題分離。

・和朋友相約出遊時，我會說出自己想去的地方。
・公司前輩約大家下班後去喝一杯時，只要自己不想去，就會婉拒。
・和別人交談時，我會老實表達自己的心情。
・我會看著超商店員的眼睛，向他們道謝。

也許我的行爲會惹對方不開心，對方也可能會覺得我很煩，但還是得試過了才知道。這就是我每天都在實踐的小事。

沒想到，對方的反應卻出乎意料的好。即使我拒絕邀請，前輩也只是回答「這樣啊，好吧，那下次再約」，比想像中還乾脆。

這樣的經驗也讓我開始體會到，**「其實沒什麼人會在意我」**。

自己的事是自己的課題，別人的事是別人的課題。

別人要怎麼想，取決於他自己。

從來不曾思考自己想做什麼的我，在練習課題分離的過程中，開始對自己產生好奇：「我究竟想做什麼？」

而且，自從我開始實踐「想做的日常小事」後，越來越能感受到自己正把人生的主導權握在手裡，一點一滴的，每天都變得更加充實。

不過，有一點需要注意。

我在練習課題分離時，曾遭遇瓶頸。

比方說，同事把工作全部丟給我，結果自己先下班回家；或是妻子把家事全都交給我做。這些都是讓人覺得很討厭的事。

這時候，不必因爲行動的主體是別人，就認爲「這是對方的課題，我不能干涉」。反過來說，我們也不能因爲「這是我想做的事，與別人無關」，所以變得自我中心。

這是錯誤的課題分離。

我在第 1 章也提過，課題分離不等於自我中心，也不是要我們袖手旁觀、棄他人於不顧。

只要他人的課題與自己有關（尤其是會造成危害的事），那就是雙方共同的課題。我們根本不需要忍耐。

首先，要尊重對方，同時表達自己的想法，告訴對方「我明白你的心情，但你的行爲已經傷害我了，希望你別再這樣做」。

如果這樣依然無法解決問題，那只能換個環境、主動離開現場了。

課題的分離並非單純的「自己是自己」「別人是別人」。你必須重視自己的想法，並以此做爲與人往來的評估指標。

關於課題分離，我還有幾個重點想告訴各位。

自從我實踐了「課題分離」後，我開始明白什麼能讓我覺得舒適，什麼會讓我感到厭惡。

我們之所以會爲人際關係煩惱、對他人感到焦躁不耐，大多是因爲想把自己的價值觀硬套在對方身上、毫不留情地干涉對方的課題所造成的。

以「對遲到的朋友感到不耐煩」這個例子來看，就是將自己「不應該遲到」

的價值觀強加給對方。

「不能遲到」或許是很普遍的認知，卻未必是普世皆然的常識。比方說，法國人認爲遲到是「不爲對方帶來壓力」的貼心做法，反而是禮貌的表現。

事實上，就算朋友遲到，我也會覺得「有更多時間可以看書，賺到了」，完全不會覺得耐煩。更何況，**所謂的常識，往往只是多數人的意見罷了**。

能對自己所認定的常識有全新的見解和發現，也是實踐課題分離的好處。

明白自己重視什麼、認爲什麼事有價值，就能找到讓自己覺得舒適的方法，以及會令自己焦躁不耐的原因。

重要的是找出「信念」

在心理學上，信念（belief）指的是一個人的「價值觀」。

若想了解自己的價值觀，你可以這麼做：盡量寫出「應該○○」的句子，而且越多越好。

你認爲「應該〇〇」的事情，就是你非常重視的價值觀。

「待人應該要親切。」

「工作和生活應該要分清楚。」

「飯菜應該要吃乾淨。」

諸如此類，無論什麼事都可以，只要你想得到的，都可以寫下來。只要一一列出，你就會知道自己擁有什麼樣的信念和價值觀。

遇到讓自己不耐煩的事情時，只要思考一下：

「爲什麼我會這麼不耐煩？」

「是發生了什麼違背我信念的事情嗎？」

如此一來，你就會知道煩惱的根源，心情也會舒暢許多。

只要明白自己所持有的信念，就會發現「不耐煩」的背後，其實是自己想把信念「強迫推銷」給別人，也就能冷靜下來。

舉個我自己的例子。基本上，我是個凡事都會立刻回覆的人。

因爲我的信念是「不可以讓對方等太久」「效率是贏得信任的重要因素」。

在接觸阿德勒心理學的「課題分離」前，我很理所當然地認爲「立刻回覆」才是對的，也會因爲別人回信太慢、「已讀不回」而惱火。

我總是在想：「爲什麼看完訊息不馬上回我？」

後來，透過課題分離，我深刻反省了自己「老是擅自認爲別人都跟我一樣」的毛病，也已完全不在意這些芝麻小事了。

阿德勒心理學教我的「課題分離」，讓我察覺自己重視的價值觀、逐漸擺脫了以他人爲中心的生活，也開始能夠表達自己的主張；連人際關係的煩惱也減輕了。

慢慢整頓好基礎後，接下來我要實踐的是「認識論」。

了解自己看待世界的方法

阿德勒的「認識論」，是指**「人都會用自己想要的方式看待事物」**的思維。

每個人的價值觀都各不相同，各有各的思考慣性，各有各的個性；而人們會透過這些「濾鏡」來解讀事物。

第 1 章曾爲各位介紹過阿德勒的名言，**「戴上粉紅色鏡片的人，會誤以爲世界是粉紅色的。」**

儘管事實只有一個，解讀卻會因人而異。

舉我的親身經驗爲例。

當時我正在跟好幾個朋友一起吃飯，其中一位朋友失手打翻杯子，飲料灑得到處都是。

雖然他立刻扶起杯子，但大概還是有半杯飲料灑了出來。大家見狀，七嘴八舌地說：「啊，好可惜喔。」「你沒事吧？」卻只有一位朋友說：「不是還有半杯嗎？太好了！」

我相當佩服那位說「還有半杯」的朋友，覺得他能以正向觀點看待任何狀況，擁有幸福生活所需要的轉念能力。

同時，我也覺得能做出這種正向解讀的人，不論遭遇到什麼困難，應該都能以樂在其中的態度一一克服。前面曾提到松下幸之助先生面試的佚事，認爲自己「運氣很好」的人，應該就屬於這種類型吧。

至於我自己，在接觸阿德勒心理學的「認識論」後，爲了先了解自己是怎麼看待世界的，於是試著自我探索。

雖然生活無虞，但我卻十分迷惘，覺得自己並沒有什麼「這輩子非做不可」的事。人生還有幾十年要過，難道要繼續這樣下去嗎？

這樣的我是怎麼看待自己的？

我怎麼看待自己過往的經驗、如何看待現在的世界呢？

我認爲我有必要仔細思考這些事，了解自己戴著什麼顏色的眼鏡。

用阿德勒的話來說，**「我戴上了粉紅色的鏡片，才會誤以爲世界是粉紅色的。」**

人都會用自己想要的方式看待事物。

有人覺得「人生如此美好」，也有人覺得「人生毫無趣味」；有人覺得「有車好方便」，也有人覺得「養車很花錢，一點都不方便」。

沒有哪個觀點是普世皆然的，所有人都只是透過自己臉上這副「價值觀」的眼鏡來解讀事實。

此外，人類的大腦還有一種名爲「網狀活化系統」（Reticular Activation System, RAS）的功能，負責過濾不重要的資訊，只讓那些與自己感興趣的事物有關的訊息進入大腦。簡單來說，就是類似「濾網」的功能。

喜歡車的人會注意路上往來的車輛，生了小孩的人會比以前更注意年幼的孩子，這就是「RAS」正在運作的緣故。

大腦裡負責處理記憶的海馬迴，也會將「反覆接收到的資訊」判定爲重要訊息。換句話說，如果你只憑自己的偏好來思考，符合這些傾向的資料就更容易進入大腦。

所以，了解自己的認知非常重要；了解自己的認知後，再思考自己應持有的目標更重要。

「你的觀點只屬於你。」

即使你覺得「身邊全是敵人」，那也只是你個人的解讀。

另一方面，你也可以憑自己的意志去改變現有的觀點。

阿德勒也說過：

「重要的不是你經歷了什麼，而是你如何運用它。」

了解自己如何看待事物後，接著只要思考如何運用它就好。

爲此，我們需要回顧過去，才能了解自己的觀點和解讀方式。

這麼做可能會讓自己感覺痛苦，因爲總有些過去是我們不願回想的。

但是，不論自己有什麼樣的過去，都沒有必要爲此悲嘆，你對世界的看法一樣可以改變，這就是阿德勒心理學。

兩個問題＋三個行動，察覺「自己如何看待世界」

爲了了解自己是怎麼解讀這個世界的，我參加了許多講座和教練活動，一年內讀了多達一百本書。雖然其中包括好幾本關於人生教練的知名著作，但我還是想親身實踐看看，於是決定報名教練學校。

這裡爲各位介紹幾項我在實踐後確實發揮效用的功課。

提問 1 小時候（盡量追溯到小學時代）最令你印象深刻的事情是什麼？

阿德勒曾說過，**生活型態（性格）會在十歲左右成形**。童年的經驗和感受，是塑造性格的要素；而「印象深刻」，就代表你當下的情緒和情感因此產生了強烈的反應。這個練習可以帶我們找出是哪些事件形塑了自己現有的價值觀。

如果你實在想不起來，也可以回憶一下父母、師長、朋友等人是否說過什麼令你難忘的話。

以我為例，小時候令我印象最深刻的事，是在全校（約有六百名學生）運動會上擔任樂隊指揮。

我永遠記得自己緊張到完全不想上臺指揮的事。

還有，我從幼稚園就開始學英語會話，補習班還曾舉辦過成果發表會，要求每一位學生在一大堆人面前發表演講。正式上臺時，我腦中一片空白，一句話都說不出來。

我很抗拒在眾人面前說話，但我也發現，這些經驗都是形成價值觀的要因。我過去之所以很在意別人的眼光，也是因爲我以爲「大家都在看我」的緣故。**這讓我發現，「老是在意別人的眼光」就是我對自己的看法。**現在我已經能帶著「大家其實不太在意我」的想法，也不再抗拒當眾發表言論了（這是透過阿德勒心理學的「目的論」來實現的，後續會再說明）。

你呢？最讓你印象深刻的回憶是什麼？它又是如何影響你現在的觀點？不妨試著寫出來吧。

剛剛挖掘了自己的過去，接下來要介紹的是了解現有觀點的必備功課。

行動 1 寫日記

寫日記的意思，就是在筆記本裡寫下腦中所浮現的情感和思緒。

舉例來說：

「今天上班犯了錯，給大家添了麻煩。現在回想起來，是我太慌張了，後續也沒處理好，需要反省。老實說，我也對自己這麼沒用感到很煩躁……不過，現在冷靜下來後仔細一想，其實我事前已經準備好對策了，只要下次多加注意、別再犯相同的錯就好。感謝同事們都願意幫忙救火。」

沒有人會看見這本日記，所以就盡情地寫吧，也算是整理自己的心情。

你可以寫今天發生過的事，也可以寫對這件事的感想。日記是非常有用的工具，可以幫助你了解現在的自己想到什麼、感覺到什麼。

書寫方法和格式沒有任何規定，隨意寫在全白的筆記本上也可以。

等到將來回頭翻閱自己的日記時，就會知道自己在什麼時候會產生什麼情緒，非常建議大家寫日記。總之，先寫一個月再說吧。

透過持續寫日記，我才知道原來自己會爲同一件事感到沮喪，也能掌握自己會在什麼時候覺得開心。

從這一點來看，**日記可說是最適合用來認識自己的工具**。

提問 2　近期最花錢或最花時間的事物是什麼？

雖然每個人使用金錢和時間的方法都不盡相同，但它們在人生中都是非常重要的，大家也都會將它們用在自己認爲有價值的事物上。因此，我們可以藉此看出自己注重的是什麼。

大學時候的我，一天到晚跑去聽最喜歡的樂團的現場演唱會，幾乎把錢和時間都花在購票和交通費上。現在則把對象換成了書本和講座。學生時代的我，用嗜好滿足自己；現在則把錢和時間用在幫助自己成長。

只要注意金錢和時間的運用方式，就能知道自己的價值觀和重視的事物。

行動 2　找出信念

這是出現在第 2 章談到「課題分離」時，〈重要的是找出「信念」〉那一節的概念。

你可以試著寫出幾個「應該○○」的句子，這樣就能清楚知道自己是透過什麼眼光看待事物。

情況允許的話，可以邀請朋友一起來寫，再跟自己所寫的句子比較看看，會發現很有趣的事情喔。因爲人無法客觀看待自己，其中必然摻雜主觀。和朋友一起分享討論，才能讓我們把自己看得更清楚。

我就認識這麼一個人，他認爲「凡事都應該重視有沒有錢賺」。

雖然我很好奇，他爲什麼會對錢這麼執著？就算賺不了錢，當成興趣來做、樂在其中不也很好嗎？但想必有什麼緣由，才會讓他產生這種想法吧。

就像這樣，只要與他人比較，就能發現自己所認定的「應該」絕對不是理所當然。

行動 3 寫出優點和缺點

接下來，試著分別寫出自己的優點和缺點吧。

事實上，不論是優點和缺點，都只是一種特徵，是自己的觀點讓它有了長短之分。因此，**只要改變觀點，「缺點」就有可能變成「優點」**。

就拿「依自己的步調做事」這項特徵爲例，有些人認爲這是優點，會說這是「不輕易受他人左右」；有些人認爲是缺點，會說這叫「我行我素」。

至於我是怎麼認知自己的「優點」和「缺點」，大概就像下一頁的圖表所列出來的。

我大致反思了一下自己，差不多就是這樣。以「認識論」的觀點來看這些優點和缺點，它們就只是單純的特徵，無所謂好壞，既可以是優點、也可以是缺點，端看自己如何解讀。

以前我去上的教練學校，曾有一份利用這個觀點的有趣作業。

那就是**「改寫缺點」**。這項作業是要讓我們理解，自己所認定的「缺點」不過是自己的主觀判斷罷了。

這份作業很簡單，就是把缺點改寫成優點。

優點

- 樂觀
- 好奇心旺盛
- 喜歡聽別人說話
- 不輕易妥協
- 心胸寬大
- 笑口常開
- 不對人發脾氣
- 擅長寫文章
- 業務資歷十年以上
- 很會照顧人
- 興趣廣泛

缺點

- 丟三落四
- 遲鈍
- 缺乏專注力
- 不喜歡打掃
- 散漫
- 對沒興趣的事漠不關心
- 不懂得察言觀色
- 東西經常不見
- 討厭被人使喚

比方說，我認爲「丟三落四」是缺點，但也能解讀爲「對物品不執著」「活得很隨興」這項優點。

當時，這項「換句話說」的功課是由好幾個人（我那時是三個人）一起進行，其他兩位同學會把我自認爲是缺點的特徵換成正面的說法。

（自認爲的）缺點得到他人稱讚的感覺眞好。

優點和缺點都只是自己的主觀判斷，本身並不具備任何意義。

我們可以藉由以上所介紹的幾項練習，了解自己現在的觀點、知道自己如何解讀事物，以明白阿德勒所說的「認知」和自己戴著的「眼鏡」，也因此得以理解我是如何看待自己、看待別人的。

你的「認知」是什麼樣的眼鏡呢？

此外，只要了解自己之所以覺得「開心」和「不開心」的主因，就能在不至於受挫的情況下堅持下去。

改寫缺點

阿德勒的名言

「重要的不是你經歷了什麼，
而是你如何運用它。」

缺點	優點
丟三落四	專注於當下的自己
遲鈍	不在意周遭的眼光、活出自我
缺乏專注力	可以馬上投入其他事情
不喜歡打掃	不受周遭的環境影響（不介意髒亂）
散漫	接受最真實的自己
對沒興趣的事漠不關心	貫徹自己「所愛的事物」
不懂得察言觀色	重視自己的解讀和價值觀
東西經常不見	對物品沒有執著

第 2 章重點整理

第 1 個月的變化

▼透過教練認識了阿德勒心理學。

▼發現自己一直以來都是以他人為中心，但漸漸地能提出自己的主張。

▼了解自己重視什麼。

column

1

用「自我肯定」表達自己的想法

如果你是那種不敢在人前直接提出個人主張或意見的人，可以使用「自我肯定」（self-assertion）這個方法。

「自我肯定」是一種溝通技巧，是在考慮他人立場、不侵犯別人權利的情況下，陳述自己的意見、維護自己的合理權益、認同自身價值的說話方式。

這裡推薦各位使用「我訊息」（I message）來表達自己的意見，例如「我覺得……」。

沒有人喜歡自己遭人控制，尊嚴受到傷害。

如果使用「我訊息」，就可以表達「這只是我個人的看法」，不會讓對方感

覺冒犯，又能傳達自己的想法。

如果採用與「我訊息」相反的「你訊息」來表達看法（例如「你是○○」「你很○○」），所指稱的就會是對方本身；萬一要傳達的是反面意見，就等於否定對方，可能會讓對方覺得不舒服。

比方說，有位朋友總是習慣性遲到，讓你覺得很困擾。但這時候不要對他說「你最好改掉愛遲到的習慣」，而是改用「遲到會給別人添麻煩，我覺得改掉這個習慣比較好」。

兩句話有細微的語感差異：前者直接否定對方的習慣，後者則是表達自己「覺得改掉比較好」的想法。

當然，就算用後者的說法，或許還是會讓對方不太愉快，但因爲並不是否定他本身，所以應該還不至於感到厭惡。

我原本就是很難直接提出個人看法的人。

正因爲如此，能婉轉表達意見的「自我肯定」對我非常受用。

第 3 章

怎樣才算是做自己想做的事？

——第2～3個月．做自己人生的主角

發現原來自己「沒有活出主體性」

第2～3個月的我

▼還沒找到自己想做的事。
▼經常與別人比較後感到自卑。
▼沒有充分了解自己的生活型態（性格）。

「人是描繪自我人生的畫家。」

阿德勒的這句話，也精準道出了阿德勒心理學的本質。

我初次參加以阿德勒心理學爲基礎的教練課程時，教練告訴我：

「你就是自己人生的主角。」

一開始聽到這句話時，只覺得聽是聽懂了，但是沒什麼頭緒。

如今，我已深刻了解這句話的重要性和本質所在。

「你就是自己人生的主角」是什麼意思？

阿德勒心理學的「創造性自我」（主體論）提倡，「自己的人生由自己決定」。

「我有想做的事，但父母不答應。」

「我沒錢，所以辦不到。」

「這樣會造成家裡的負擔，我沒辦法。」

因爲這樣而忍耐不去做自己想做的事，等於是讓別人來描繪自己的人生。

確實，外在因素有時會成爲障礙。

但如果這件事是你眞心想做的，不論遭到誰的反對、不論有沒有錢，總是能想到辦法去實行。

引用阿德勒的說法，這「不是不能做，是自己選擇不做」。

我在實踐阿德勒心理學的第一個月，了解自己開心與不開心、喜歡和厭惡的因素，也察覺了自己重視的價值觀。

在第二個月，我更進一步思考「我的人生是不是由自己所描繪的」。

然而當我想像自己想做的事、思考「想在喜歡的時候待在喜歡的地方」「是不是該換工作」時，我卻總是先想到：

「不知道家人會怎麼想？」

「大家會怎麼說我？」

當時的我還很在意別人的看法，過著以他人爲中心的日子。不過我在第一個月開始意識到「課題分離」，慢慢以自己爲優先、說出想說的話之後，便逐漸培養出對人生的控制感。

自己的事自己決定

前面提過，我從小就很在意別人的眼光，忽視自己想做的事，所有行動的前提都是要讓別人開心。

在學校，當大家分配班級幹部的職位時，我會先讓別人去爭取他們想做的工作，自己則是選最後剩下的位子。

學才藝也一樣，我會因爲「別人都在學」，於是也跟風去學了游泳和足球（不過現在足球確實是我最愛的運動）。

在大學裡選課時，我也會跟著朋友選他想上的課……

如今回憶起來，我甚至想不出「自己究竟好好做過哪些選擇」，一切都是以他人爲中心來決定並行動。

說眞的，我曾想過「如果能多學一點自己喜歡的東西就好了」「如果能拓展更多人脈，接觸更多人、多受點刺激就好了」。

一開始也會覺得後悔，但這畢竟都是我自己的選擇。

阿德勒心理學的「創造性自我」讓我明白，人生這條路，是靠自己的決定走出來的。

既然是過去的自己塑造出現在的我，那麼我只要改變現在的自己，就能改變未來的人生。

我認爲，對過去的人生感到後悔的人，會更有力量來改變將來的人生。因爲「再這樣下去可不行」的想法，會轉化爲改變的力量。

阿德勒心理學有一個概念，稱爲**「軟性決定論」（soft determinism）**。

「軟性」的意思，就是不強硬地說「你可以自己決定任何事」。

在哲學裡，「決定論」是指「有過去才會有現在的自己，現在的自己會受到過去的影響，無法改變」；而與之相對的概念是「自由意志」，主張「一切都可自主決定，不受遺傳和社會的限制」。

阿德勒心理學則是走中間路線，屬於「軟性決定論」。

這是因爲阿德勒本身患有疾病，他也曾談過自己在遺傳和身體的劣勢，認爲人們難免會受到這些外在因素影響。不過即使在這種狀況下，人依然能扮演一個主動的角色，擁有自主決定的權利，對這些生命經驗做出主觀詮釋和運用。

如果因爲遺傳所造成的身體特徵或疾病等實質因素，導致我們無法做到某些事，那確實沒有必要去改變它，只要去思考自己現在還擁有什麼、能做到什麼就好。

我喜歡阿德勒心理學的一點，就是這種柔軟的思維，絕不會斬釘截鐵地告訴你「你可以自己決定任何事」。

阿德勒心理學的思想裡，幾乎不會出現「必定」之類的字眼。

你可以用更有彈性的方式思考，再以自己的方法落實，我覺得這也是阿德勒心理學的優點。

這是我自己的意志嗎？

除此之外，「創造性自我」的優點，還包括了「爲自己的人生負責」。

比方說，有個人奉父母之命繼承家業。

如果他是眞心想從事這個行業的話，倒還無妨。但若是被迫做這分工作的話，萬一事業失敗，他很可能會把責任歸咎於父母；就算事業經營得有聲有色，獲得了不錯的成績，他還是很可能會懷疑這到底是不是自己憑實力得到的。

如果自己的事不是由自己決定，不論成敗，都不會對自己的成長有所幫助。

基本上，教練不會給客戶任何建議。

因爲教練的方法未必對客戶有用。

假設客戶找教練商量「沒時間學習怎麼辦」，教練建議「利用早晨起床後的時間學習吧」，但如果客戶是抗拒早起的人，這項建議就派不上用場了。

所謂的建議是他人的決定，盲目地相信對自己並沒有好處。

如果要體會「活出自己的人生」的感覺，就不要聽從他人的決定，而是依自己的決定來生活。

這當然也伴隨著責任，但是只有為自己的人生負責，才能享受人生。

再深入探討一下「創造性自我」吧。最讓我受到震撼的，是**「所有情緒都由自己決定」**的思維。

以前的我認為「人是情緒的動物，情緒是會自然產生的」。阿德勒的想法卻是**「人會依自己的目的帶出情感」**。

起初我無法接受這種說法，不過職場上的親身經歷，讓我領悟了這一點。

我所任職的公司裡有個愛怒吼的人，當他正在飆罵下屬的時候，電話響了。來電者似乎是非常重要的人物，他一接起電話的那瞬間，原本憤怒的情緒突然消失，開始用正常的口吻說話。

由此可見，人可以依照自己的意願來收放情緒。

雖然會有人辯解自己是「一時衝動，忍不住大吼起來」，但這其實是他自己的選擇。

如同阿德勒所言，憤怒的目的是「迫使對方屈服」「試圖控制對方」「展現自己的威嚴」，我才發現，那位同事選擇了這種情緒做爲表現。

乍看之下，「一時衝動」代表自己無法控制情緒，但如果能放下「試圖控制對方」的目的，應該就不需要怒吼出聲了吧。

怒氣管理和談論憤怒的書裡，也都會提到「憤怒是二次情緒」。也就是先有「想控制對方」「想獲得優越感」「寂寞到想要對方的陪伴」等一次情緒，接著才會出現做爲二次情緒的憤怒。

培養出這種思維後，我便幾乎不再出現想「對人發怒」的情緒了。

老實說，這讓我很驚訝。

我以前是個脾氣很急躁的人，平常總是想控制所有事情，一旦事情不如意，我就會感到暴躁、不耐煩。

但當我透過「課題分離」了解到「對方是無法控制的」這一點之後，便學會了放下，也不再對別人發脾氣了。

重新思考自己的生活型態

「既然過去的人生是自己決定和選擇的，那麼今後的人生也可以由自己決定。」

培養出「創造性自我」後，我便能用這個觀點來看待人生。

阿德勒心理學是「勇氣心理學」，給了當時的我很大的勇氣。

前面提過，阿德勒稱呼性格爲「生活型態」，而思考自己擁有什麼樣的生活型態非常重要，因爲它是衡量自己生長於何種價値觀的指標。

了解這一點後，只要確定自己將來想怎麼做，就能改變生活型態。

阿德勒所說的生活型態包含了三項要素：

・自我概念：覺得自己是怎樣的人。
・世界觀：如何看待周遭的人和環境。
・自我理想：希望自己和周遭的環境如何。

「自我概念」所指涉的範圍很廣，從「我是父親」「我是家庭主婦」這些身分的認知，到「我很內向」「我很會聊天」「我不善於和人往來」這些特徵都包含在內。

「世界觀」是指對自己以外之人事物的認知，例如「身邊的人都很溫柔」「社會很冷漠」「身邊很多優秀的人」等。

「自我理想」則是像「我要變成有錢人」「我必須出人頭地」「我必須靠自己生存下去」「家人必須和睦相處」這類理想。

阿德勒認爲，只要掌握**「對自己的認識、對周遭人事物的認識，以及理想中的自己和周遭要成爲什麼模樣」**這三個概念，並在必要時再次審視，就能改變自己的生活型態。

同時，這三個概念也深受與家庭（家人）的關係影響。

對任何人來說，「家庭」都是人生第一個所屬的社群。

對孩子來說，「家庭就等於世界」。

家庭是世界的縮影，孩子會透過與家人的關係，學到自己是什麼樣的人、周圍是什麼樣的人，以及什麼是好的、什麼是壞的。

大家不妨回想自己與家人、手足的關係，思考一下目前的生活型態是否深受家庭影響。

另外，阿德勒也說過，比起父母，孩子受手足的影響更深——因爲年齡相近，容易產生競爭心態的緣故。

這種手足在家庭裡的配置順序，阿德勒心理學稱之爲「家庭星座」。

雖然這只是大致上的傾向，不過第一個孩子大多「想博取關注」「想滿足周遭的期待」「有控制欲」，最小的孩子則有「怕寂寞」「堅持自己的作風」「認爲別人幫自己忙是天經地義」等特徵。

我在家中是長子，相當符合「想滿足周遭的期待」這項特徵。另外，很多人都說我「善於照顧年紀小的人」，這或許也是第一個孩子的特徵。

但是千萬別忘了，這些都只是影響，而非定論。關鍵就在前面所提到的「軟性決定論」：

人生可以由自己描繪。

自己的事可以自己決定。這就是阿德勒心理學的思想。

以下是我在思考生活型態時所進行的自我分析，各位不妨試試看：

小泉健一的生活型態自我分析

- 自我概念：沉著穩健、我行我素且無拘無束、討厭競爭、好奇心旺盛、擅長指導和說明、喜歡聽別人說話、偏內向……
- 世界觀：大家對我根本沒有興趣、這世上意氣相投的人很少、人們永遠都在爭鬥……
- 自我理想：必須與所有人和睦相處、必須對社會有所貢獻、我必須不斷成長……

透過這些分析思考自己的生活型態後，我發現自己因爲不擅長與人往來，反而更珍惜那些少數能建立深入關係的交情。

我也覺得自己非常親近那些願意和我往來的人。

反過來說，一遇到合不來的人，關係馬上就會變得疏遠。

此外，我也發現自己不喜歡競爭，希望人人都能平等相待。

了解自己的生活型態後，就更容易知道今後要做的事情（目的）可以朝哪個方向發展。如果想依「自我理想」創造未來，只要依循自己的生活型態行動即可；而我的生活型態，也能根據自己的目的改變。

開始做自己想做的事

實踐了前面所說的「創造性自我」後，我學到「自己的事可以自己決定」；透過解析自己的生活型態，我一併思考了「我是什麼樣的人」。

接下來，我繼續深究自己的目的和想做的事。

雖然我是因爲大家都念大學，所以就跟著念大學；因爲大家都去求職，所以也跟著去當上班族，但我不想再這樣下去，開始想試著去做依自己的意志所決定的事。

「我的人生目的是什麼？」「我想做什麼？」

思考了這些問題後，我開始從事現職以外的其他活動。

我原本就很喜歡大自然，也有想貢獻社會的「自我理想」（生活型態的三要素之一），所以我開始擔任志工，並投入各項志工活動，包括東日本大地震的災後復興支援、跟孩子一起玩耍的遊戲營隊、活動舉辦的籌備人員等。

除此之外，我還考取了戶外活動指導員的證照，體驗了很多戶外活動……同時，我也在野外活動中尋找可能當成工作的事情。

儘管活動本身很好玩，但卻不太有工作的感覺，所以我並沒有再更進一步。我無法描述得很精確，總之就是沒有「正中紅心」的感覺……

不過，說到工作以外的活動，我以前就只會跟朋友喝酒、去看喜歡的樂團演唱會而已，所以多少還是有**「做自己決定好的事」**的充實感。

如今，我已經能清楚回想起自己做過什麼事、有過什麼心情。

但另一方面，我卻完全想不起自己隨波逐流、進入公司當上班族的這五年來，究竟都在做什麼……真的完全沒有留下任何記憶或印象，這項事實讓我深刻體會到，自己過去的日子有多麼以他人爲中心。

我繼續思考自己還有沒有其他想做的事，於是去學了先前接觸過的教練技巧。

在思考自己的生活型態時，我發現自己「喜歡聽別人說話」；而接受教練引導後，我也開始能以「目的論」來思考，覺得主動提供教練服務似乎是件很有價值的事。

於是，我報名了教練學校。

對當時的我來說，要花數十萬圓投資自己，需要非常大的勇氣。

而且，學校的位置遠在我必須搭新幹線才能去上課的地方，交通費和時間都是一筆可觀的投資。

過去的我把大筆金錢花在娛樂上，現在的我則在自我投資上花大錢。我還記得當時的自己忍不住感嘆「我也變了呢」。

爲什麼我能下定決心進行這樣的投資呢？我想這是因爲「創造性自我」和「認識論」已在內心穩穩扎根的緣故。

剛開始的時候，雖然很想釐清「自己想做的事」，但總忍不住馬上想到家人、公司或周遭的人會如何看待自己的決定。

後來，我發現這樣等於是讓別人爲自己的人生掌舵。

「假如沒有任何人會干涉自己，我想怎麼生活？」

「假如有用不完的時間和金錢，我想做什麼？」

這是在教練課程中經常提出的問題。

人總是受到許多人事物的限制。

像是沒時間、沒錢、家人不允許……這些因素簡直要多少有多少。

只要能破除這些限制，就會找到真心想做的事。

接受教練時，我也被問了這些問題，並藉此發現我的理想是「想在喜歡的時候待在喜歡的地方」。

我喜歡追求新事物，覺得停留在同一個地方非常痛苦；我也很不喜歡被人使喚、催促，也常在上課時說出「我希望自己能隨心所欲」。

因此，我發現自己的理想就是不在一個定點上班的「遊牧工作」。

我想隨心所欲，該怎麼做才好？

我之所以選擇教練做爲自己想做的事，理由之一是「不受地點限制，可以在自己喜歡的場所工作」，而且只要透過電腦或手機視訊通話，就能上課。

- 我喜歡聽別人說話。
- 我可以隨意在自己喜歡的地方工作。
- 與客戶一對一進行教練，更有為他人貢獻的感覺。

當我好好面對自己後，發現「教練」十分符合我的價值觀和性格，而且能實現理想生活，便確定「這就是我想做的事」，我也才會花費大把金錢和時間去學校受訓。

在學校接受完整的訓練後，我成爲一名人生教練。

但我馬上就遇到挫折了。

當我跟親朋好友宣布「我要以人生教練的身分開始活動」後，大約有兩位學生時代的朋友表示支持，願意成爲我的客戶；此外，我在X（以前的推特）上發布消息後，也有人表示「對教練有興趣，想試試看」。

雖然我非常高興，但與同時期開始從事教練工作的其他人相比，我的客戶很少，收入也少；我還看到比我晚開始學習教練技巧的人，竟比我早一步取得了教練證照。

我因此感受到了「自卑」。明明我已經實踐了很多「自己是自己、別人是別人」的「課題分離」，卻還是不由自主比較了別人與自己的實力……看來我還沒有充分掌握阿德勒心理學。

明明我已經懂得如何進行課題分離，卻不太有辦法整理自己的心情，沮喪地想著「該不會我不適合做人生教練吧」。

阿德勒也談了很多關於**「自卑感」**的概念。他曾說過：

「有許多以自卑感為藉口、逃避人生的膽小鬼，但也有不少以自卑感做為發條，成就豐功偉業的人。」

此外，阿德勒將自卑感定義為「刺激人們以健全的態度，努力向上發展的力量」。**意思是自卑感也能成為原動力。**

因為自卑，才會產生上進心，並能付諸行動。

與他人比較並不全然都是壞事，壞的是因感到自卑而失去了動力。

第一次面對自卑感

阿德勒對自卑感的定義有三種：

一、器官劣勢（organ inferiority）：因為器官天生的缺陷而覺得自己比別人差。

二、自卑感：主觀認為自己某部分比別人差。

三、自卑情結：把自卑感當成理由，以逃避人生課題。

阿德勒坦承，他因爲疾病的緣故而有「器官劣勢」。

而他對於單純的「自卑感」，則抱持著肯定的態度。因爲它不單單是指與他人比較，也包括對尚未達成目標的自己所抱持的感受，所以他才會將自卑感解釋成「讓自己朝著目標前進，並活得更好的一種刺激」。

至於「自卑情結」，阿德勒認爲應當盡量避免。

我感受到的是這三種自卑裡的哪一種呢？

我猜應該是「自卑情結」吧。

當初因為自己沒能在教練這方面獲得超乎預期的成果，便為自己找了藉口，「畢竟我還有正職，就算結果比別人差也沒關係」「反正我又沒有要考證照」。

「因為我時間不夠」「因為我還有工作」，我們經常像這樣，在面對挑戰時為自己找藉口。

阿德勒認為「因為○○所以做不到○○」是人生的謊言。不是「做不到」，而是「不想做」，所以「決定不做」。

阿德勒心理學裡有「決定因素」和「影響因素」的概念。這也可以套用在生活型態裡，雖然器官劣勢、遺傳和家庭環境都是「影響因素」，但它們並非能決定你是誰的「決定因素」。

換言之，與其他教練相比，我發現自己攬客和營收的成效不佳，因此感到自卑，這些雖然是「影響因素」，但不是決定我今後發展的「決定因素」。

我只是產生了自卑情結、想找藉口，才會以此為由停止行動。察覺這一點後，我就不再與他人比較了，而是與自己的目標比較。

以更具彈性的方式思考目標

與他人比較時，我並沒有想到自己以後要怎麼做。

「希望每個月的兼職收入能有五萬圓。」

「希望擁有五位教練客戶。」

雖然我訂下了這些目標，但都只是姑且爲之。

所以我才會這麼煎熬。

在還沒有兼職收入的時候，無法想像每個月多五萬圓是什麼感覺，也不清楚該怎麼做才能賺到這筆錢，如今回想起來，用這種心態去經營當然不可能順利。

因此，我把思考轉換成：

「每個月多賺五萬圓後，要做什麼？」
「擁有五位教練客戶後，要做什麼？」

「實現目標後會變成怎樣？」「如果已經實現了目標，我接下來會怎麼行動？」我也經常在教練中，從這些角度對客戶提問。

越能明確想像自己實現目標後會變得如何，目標就會越具體。

以前進展不順利時，我都會以「決定論」來思考狀況。

「爲什麼我賺不到錢？」
「爲什麼客戶都不來？」
「我哪裡沒做好？」

到了這個地步，眞的一點幹勁也沒有，不僅動力下降，內心也開始焦急。

當時我經常向自己的教練傾訴，坦承「我這個月也沒達標」。

我認爲自己提不起幹勁的理由，是「受限於無法控制的事情」；而所謂「無法控制的事情」，其實就是將目標能否達成，歸因於自己以外的環境問題。

比方說，「靠兼職增加五萬月收」「招攬到五位客戶」這些目標雖然很具體，但太過拘泥於數字，並不適合當成目標。

因爲，能否獲得這些結果，並不是我可以控制的。

能不能靠兼職讓月收入增加五萬圓，最終取決於顧客是否願意使用我的產品或服務。

我剛開始以人生教練的身分活動時，曾因爲沒有達成目標而否定自己，認爲是「自己的行動不足」「我辦不到」。

或許我眞的不夠努力，但要不要花錢成爲我的客戶，最終仍取決於對方。

我太執著於自己無法控制的事，爲了非黑即白的狀況苦惱。

這也導致我無法做到「課題分離」。

「五萬圓」「五位客戶」真的很重要嗎？

因此，我更具體想像了達成目標後的情況。

阿德勒心理學的「目的論」，主張人的思考、情緒、行動都有其目的。

那麼，我的「每月增加五萬圓收入」「五位客戶」背後的目的是什麼呢？

當我思考「達成目標後的自己是什麼模樣」時，發現其中一個答案是我想要「自信」。

我不想靠公司的名聲，而是想靠自己來賺錢，獲得即使只有自己一個人也能生存下去的自信。

這樣一想，我發現不論是月收入增加五萬圓、一萬圓，還是三千圓，都是很值得高興的事。當然，賺大錢還是比較開心，但當我想通「剛起步時，就算是賺個幾千圓也能讓我更有自信」時，整個人便豁然開朗了。

於是，我不再執著於數字上的目標。

同時，我也發現「獲得五位客戶」的目標，爲的是「想被別人需要」。

這麼說起來，和一位客戶相比，有五位客戶比較能讓我體會到被需要的感覺吧；如果和五位客戶比起來，十位客戶應該更好吧！

不過，當我思考自己是否「想被更多人需要」時，答案卻是否定的。

前面也提過，我並不是個擅長廣結善緣的人。相較之下，**我反而更希望自己可以幫助親近的人**。

比起五位客戶，我更想增加深度，好好面對並幫助眼前的這一位。

當我發現自己內心的想法後，便放棄了「招攬到五位客戶」的目標。

話說回來，我很不喜歡攬客。

爲了讓素昧平生的人認識我，而去架設網站、花費心力經營社群媒體……眞的讓我完全提不起勁；但爲了發掘更多客戶，我還是努力去做——也就是做了自己其實不想做的事。

因此，我訂立了以下目標：

．不主動攬客，而是向身邊的人宣傳（透過社群媒體傳播教練的好處）。
．感謝現有的客戶，感謝他們能讓我賺到錢。

我將目標放在自己行動可控制的範圍內，捨棄數字上的目標。

爲了讓大家感受到教練的魅力，我所做的不是到處推銷，而是持續散播「教練有哪些益處」的訊息。

結果，還眞的有人透過朋友的介紹成爲我的客戶。

加入可控的目標

當然，前面也說過，「數字」還是很重要。

畢竟數字不會說謊，它會展現出自己努力至今的結果，也是達成度的指標。

但如果只執著於數字，可能會因此灰心喪志，所以只要將自己可控的部分納入目標之中就可以了。

有了數字上的目標，也有自力可控的目標，就能藉此反思：「雖然數字沒有達標，但我是否爲了達成這個數字而採取行動（例如每天研讀商業書籍）？」儘管沒有獲得成果，但如果確實採取了行動，至少可以算是達成了一半的目標，挫折感也會降低；就算連行動都沒有，至少也能明白自己還有改善的餘地。

前面曾提過，當我只執著於數字目標的時候，其實感到非常痛苦。我也曾有「這個月又失敗了」「我眞的有好好努力嗎？」這些近似後悔的心情。

但設定了自力可控的目標後，就更有辦法維持追求目標的動力了。

雖然當時的我遲遲做不出成績，但我不再消沉、不再自責，狀態也因此漸入佳境。

第 3 章重點整理

第 2 ～ 3 個月的變化

- ▼ 找到自己想做的事，人生慢慢變得充實。
- ▼ 能拋開與他人比較後產生的自卑感。
- ▼ 比起增加許多客戶，更想認真面對眼前的對象。

column

2 顯化心願

我在這一章曾提到，**「越能明確想像自己實現目標後會變得如何，目標就會越具體。」**。

這就是所謂的**「吸引力法則」**。

強烈的意念化為現實是理所當然的。

只要能具體想像自己「未來想要的樣子」，思考方式就會跟著改變。

舉例來說，一個人創業後，若想要生意興隆，最好能具體描繪出理想中的畫面，並不斷在腦中加深印象。最快速又簡單的方法，就是和已實現理想的人相處、往來、交談，在潛移默化之下，自己的思考就會變成「已實現理想」的狀態。

各位可能聽過一個說法，「自己的收入等於身邊五位朋友的平均值」。

我認爲人的思考也是這樣，想創業的人如果總是跟上班族一起混，要培養創業者的思維可說是難上加難，到頭來很可能會完全放棄創業的夢想。

既然想要創業，最好還是跟已經創業的人相處。

當我開始產生「想不受地點限制、隨心所欲工作」的想法時，已經參加了以這種方式經營事業的教練活動，並與活動的參加者保持連絡。

如此一來，我的思考就從「想要○○」變成「去做○○」，並漸漸覺得「用這種方式工作是理所當然的」。

這一點非常重要。因此人類一旦認爲「做得到是理所當然的」，就會順理成章地做出能實現理想的思考和行動。

第4章

爲什麼與人往來如此令人疲憊？

——第4～6個月．人際關係改革

漸漸的，連身邊的人也改變了

第4～6個月的我

▼找不到煩惱的根源。
▼能懷抱目的和夢想、和自己一起前進的夥伴很少。
▼耐著性子與討厭的人往來。

雖然我找到了自己想做的事，卻遲遲未能做出成果，因此我善用自卑感，訂立了適合自己的目標。

我的人際關係也因此逐漸發生了變化，與在教練學校裡認識的教練，以及同時期開始受訓的同學，培養出非常融洽的關係。

因為我們都是會花大錢投資自己的人，自然會變得志同道合。

物以類聚

我和這些夥伴會在課堂以外進行線上自主練習，也會一起吃飯、談論夢想，度過充實的時光。

在這之前，我只會和公司的同事、學生時代的朋友往來，始終沒有建立新的人際關係。

一旦開始做自己想做的事，
與周圍人們的關係就會逐漸改變。
畢竟物以類聚。

我親身體會了這個道理。

我過往的人際關係並不算差，既有能一起喝酒聊工作的同事，也有能一起出去玩的朋友，而我也很珍惜這些關係。

但這卻是我第一次在人際關係中體會到積極與充實的感受。

懷抱著目的採取行動的人，都是充滿能量的。

我在社群媒體上與他人交流的方式也改變了。

以前我頂多會在上面聊聊自己的興趣、最近發生的事，不過當我開始分享與人生教練相關的訊息後，便順利地與素未謀面的其他人生教練搭上線。

而在我將自己實踐阿德勒心理學後的領悟分享出去後，也因此接觸到更多擁有相同想法的人，以及喜歡我這些分享的人。

阿德勒心理學的人際關係論主張，**「所有思考、情緒、行動都有對象」**。

現在的我已經懂得要以自己為人生的中心，而我也透過人際關係的變化，學到了阿德勒的「人際關係論」。

就算只是在社群網站上分享訊息，也能傳遞給遙遠的他人。

當我分享正向的內容，就會得到正向的回應；若是分享負面的觀點，就會得到負面的回應。

就這樣，我藉由自己的不斷分享，找到與自己相似的人，拉近與他們的距離，也因此體會到什麼叫「自己所做的一切都會回饋給自己」。

所有煩惱都是人際關係的煩惱

阿德勒的「人際關係論」主張，所有煩惱都源於人際關係；就算表面上看起來是與金錢或工作有關的煩惱，也都必定有個「人」存在。

比方說，你對「薪水沒有增加」感到憂心，但只要深入思考，就能找出煩惱的根源原來是「想減輕家人的負擔」，或是「想讓瞧不起自己的人眼紅」等。人的思考、情緒、行動終究都與他人有關。

每個人都活在與他人的關係之中，人類社會裡不可能存在完全孤立的個體，因為人都是透過與他人的關係，逐漸形成自己的生活型態。

因此，人是在與他人的關連之中，產生思考、情緒和行動。

如果你有煩惱，那麼主因絕對不只和你自己有關，而是在你與他人的關係裡。

比方說，我在上一章曾提到，自己為了每月兼職收入不到五萬圓而沮喪。但我的煩惱其實來自於與「他人」比較，也就是拿自己和其他以此道謀生的人對照之後，所產生的「自卑」和「嫉妒」。

也就是說，這是「以他人為前提」的煩惱。

阿德勒心理學的「目的論」主張，人的思考、情緒、行動都有其目的；而「人際關係論」也可以用同樣的句型來表現：

- 目的論：人的思考、情緒、行動都有目的。
- 人際關係論：人的思考、情緒、行動都有對象。

如果將這兩者結合在一起，就是：**「人的思考、情緒、行動都有針對特定對象的特定目的。」**

阿德勒心理學認爲，「歸屬感是一個人最強烈的欲求」。人是社會性動物，無法一個人獨自生存，需要覺得歸屬於自己所在的社群團體，才能感到幸福與安心。

如果這項欲求無法獲得滿足，有些人會透過惡作劇來吸引他人的注意，有些人可能會爭奪權力、展現自己的優勢以博取認同。

只要以**「希望某人怎麼做」**的角度來思考這段人際關係的目的，事情就會很清楚了。爲了身邊討厭的人而煩惱時也一樣，只要想想那個人是基於什麼目的、希望自己怎麼做，就能找出答案了。

比方說，我很不善於拒絕。只要別人拜託我，就算心裡眞的很想拒絕，我還是會答應對方的請求。

這種心態的背後是「不想被對方討厭」。

在職場上，我曾對整天抱怨的人感到惱火，心想「一天到晚講這些沒用的話到底是想幹嘛」。

我也曾因爲心情不好而故意冷落別人，但我這麼做的用意，其實是「希望對方能關心我」。

希望各位了解的是，不論微小的煩惱，還是重大的困擾，必然有個對象存在。只要想想我們對這個對象有什麼樣的思考、情緒和行動，自然就會明白煩惱的根源所在，也能設法處理了。

你現在的煩惱，是對誰產生的什麼想法？

與其說**「人際關係可以根據自己的目的改變」**，不如說，我認爲必須要改變。在我實踐阿德勒心理學之前，經常出現負面思考，也沒有可以一起成長、互相勉勵的夥伴。爲了實現自己的目標，於是我主動去尋求能一同成長的正向人際關係。

我所做的，就是改變使用的「詞語」和往來的「人」。因爲我開始投入正向的活動，才結交到能互相切磋的同伴。

這也是為什麼人際關係對於實現夢想和目標而言，至關重要的原因。

改變自己不經意說出的話

前面提過「物以類聚」，我們平常使用的詞語也是一樣的道理。

不只在網路上，日常的人際關係也一樣，愛抱怨的人會吸引愛抱怨的人，會談論未來的人，就會吸引到同樣展望未來的人。

所以，我慢慢改變自己使用的詞語，以便吸引到與自己目的相符的人。

首先，我不再使用「做不到」「可是」「糟透了」「不可能」這些否定詞。

我認為，不論在現實中或網路上，會用到這些詞彙的場合，多半是在與使用類似語詞的人溝通時。

因此，我有意識地多用「辦得到」「期待」「想做○○」「超棒」這類正向詞語。有趣的是，我與同樣使用正向詞語的人之間的交流變得更頻繁了。

而且與這些人頻繁往來後，**志同道合、能互相切磋、願意幫助彼此成長的夥**

伴也增加了。

我也從這些正在努力的人身上學到了非常多。

比方說，剛開始的時候，我只要每天能念兩小時的書就很滿足了，但看到有人能念四、五個小時，就覺得「我還差得遠呢」，於是加倍努力。

另一方面，當我提不起勁、動力低落的時候，他們甚至會安慰我「難免會這樣啦」。

現在，我每天早上大約五點起床，接著就會開始學習和閱讀。不過要是回顧自己剛開始投資自己時所寫的日記，就會發現上面寫的目標是「凌晨十二點前就寢，早上六點起床」。

事實上，當時的我根本沒辦法準時在早上六點起床。後來跟早上四、五點就起床進行晨間活動的人往來後，我大受刺激，漸漸也能跟他們一樣早起了。

我們往往不會察覺那些早就習慣成自然的事，但只要回顧過去在社群網站的貼文或以前的日記，就會發現自己的變化有多大。

這都多虧了夥伴的幫助。

只要改變自己使用的語詞，思考、情緒和行動都會逐漸改變，建立相應的人際關係。

如今，當我在學習和寫作上卡關，或是沒什麼動力的時候，也有能互相切磋的夥伴，我才能振作起來，奮發向上。

要是我毫無所覺地繼續使用負面詞語，想必無法遇到這些積極正向的人，應該也不會有任何長進了吧。

自己選擇往來的對象

除了改變用詞，我往來的對象也漸漸變了。

「依自己的目的選擇要往來的人」，這句話聽起來或許有點冷漠無情，但說實話，跟不符合自己人生目的的人交往，無疑是浪費時間。

我擁有「想繼續成長」的理想，於是將人際關係聚焦在能共同成長的人。雖然念書的時候結交了不少朋友，但如今還持續連絡的人，可說寥寥無幾。他們在我面對新挑戰時全力支持我，煩惱時也陪我一起苦思。因此，我希望自己能在這些朋友有難的時候，無條件幫助他們。

如果不以成長爲目標，只想悠哉過日子的話，只要與這麼想的人往來就好。畢竟要和什麼的人往來，並沒有所謂一定正確的答案，只要建立符合自己目標的人際關係就可以了。

我也建議各位加入多個屬性不同的社群。

比方說，不要只在公司和家庭之間過著兩點一線的生活，最好能再加入與嗜好、自我投資或學習相關的社群。如此一來，就算在職場上遇到討厭的事，只要能在其他社群過著充實的生活，就不會受到太大影響；即使某個社群裡有討厭的人，只要脫離那裡、投入其他社群就好了。

多一點選項，更能讓人覺得安心。

以上是關於我自身的際遇。接下來要爲各位介紹的，是我將阿德勒心理學融入人際關係後所產生的一些變化。

如果實在擺脫不了討厭的人

只要用「目的論」來思考，就會發現每個人都是帶著目的行動。就連你討厭的人，也有他自己的目的。

- 故意惹人厭。
- 見風轉舵，裝模作樣。
- 一天到晚講別人壞話。
- 容易暴怒。
- 自我中心，任性妄為。

一樣米養百樣人，這個道理不管在職場、家庭或學校裡都一樣。

故意惹人厭的人，或許只是單純爲了抒發壓力；自我中心的人，或許只是想沉浸在控制他人的優越感裡。

一百個人就有一百種價值觀，我們很難完全理解他人，**只能依書中數度提及的「課題分離」來切割。**

把珍貴的時間花在會對自己產生不良影響的人際關係，未免也太浪費了。

但第 1 章也說過，若對方的行爲會傷害你，這項課題就與你有關，必須視爲「共同課題」來處理；說得更準確一點，當你遭受危害時，這項課題就已成爲「自己的課題」。

舉例來說，當你在職場上明顯遭到別人騷擾時，若情況嚴重到會影響身心健康，就要設法逃離。

請務必好好保護自己。畢竟公司不是你的全部。

可能有人會說「雖然遇到這種事很討厭，但辭職的話，就活不下去了」。事實上根本沒這回事。

我相信，能讀到這本書的人，應該不至於生活在顚沛流離之中，如果只是爲了混口飯吃，就算打工也能活得好好的；說得更極端一點，只要不挑工作，幾乎不會失業。

年輕的時候，往往會以爲「公司就是一切」。

我也曾如此認爲。

不過，在我參加地區義工、教練講座活動，接觸到與公司截然不同的人群後，更能站在客觀角度看待自己的工作，也覺得自己變冷靜了。

這就是我建議各位加入多個社群團體的原因。

無法與討厭的人斷絕往來時

雖然前面說到「若情況嚴重到會影響身心健康，就要設法逃離」，但在「公司裡雖然有討厭的人，但還不至於想辭職」的情況下，我們不得不考慮一下如何與對方「過招」。

我想提醒大家的是，這種時候，我們可以主動改變。

我以前有個同事，每次只要一出錯，就會立刻推卸責任。他從來不肯承認自己的過失，更別說他還曾把自己犯的錯推到我頭上，害我挨了其他主管的罵。

儘管我無法嚥下這口氣，但回嗆他除了火上加油，一點用都沒有，我只好憋在心裡。當時我意識到的是阿德勒心理學的「課題分離」，認爲**「我們無法改變對方，只能改變自己」**（這句話已經複習很多次了，對吧）。

不管對推卸責任的人說什麼，都無法改變他。

因此，我只能在自己的能力範圍內，避免讓對方再犯下相同的錯誤。

站在「目的論」的角度，我需要思考「我想跟這個人培養什麼關係」。

我在公司裡經常轉調部門，不可能一直跟對方共事，所以我的目的並非「想改善與他的關係」。但就職務分工來說，爲了讓工作順利進行，我還是需要跟對方溝通。

因此，我強忍著對他的不滿和煩躁，專注於「讓自己的工作順暢推進」。

前面提到他曾把自己犯的錯推到我頭上，雖然發生過失的那部分並不是我分內的工作，但我還是主動積極地與他溝通、共享資訊。

神奇的是，他出錯的次數不但減少了，對我的態度也變得更柔和，而且言行舉止開始顯露出「我是他的夥伴」的感覺，也不再推卸責任了。

雖說「我們無法改變別人」，但藉由改變自己的行動，最終仍可能會使對方的行爲產生變化。

現在，我已經完全不討厭那個人了。

這結果確實出乎我意料。

如果你也有討厭或是合不來的人，只要改變自己的行爲、認眞面對他，對方或許也會改變對待你的方式。

如果你無論如何都無法斷絕與對方的關係，那麼請記得：自己主動做出改變。因爲我們能改變的，只有自己。

換句話說，這就是「創造性自我」「自己的事自己決定」。

爲什麼那個人說話就是令人火大？

在阿德勒心理學的理論中，「認識論」對人際關係非常有幫助。它的觀念是**「每個人都是透過自己的有色眼鏡來看待事物」**。

「聽別人說話都不會這樣，但只要聽那個人說話，莫名其妙就會很火大。」大家有過這種經驗嗎？

我有。

這種感覺是源於自己的認知。因爲覺得那個人很「討厭」，並透過這層鏡片來看他，於是覺得他的言行舉止都很討厭。

夫妻生活也是一樣。剛結婚的時候，完全不介意伴侶不做家事；時間一久，卻開始挑剔對方：「竟然不做家事，太過分了！」

明明是同一項事實，解讀方式爲什麼會不同呢？

因爲自己的認知改變了。

重要的是，我們應該將事實與情感分開來思考。

比方說，「我曾好幾次對遲到的朋友感到不耐煩」這個例子。我們試著將「事實」和「情感」區分開來。

- 事實：朋友在已經約好的會面中遲到。
- 情感：「不只遲到一次，而是好幾次。難道他完全不在意我等了這麼久？」
（＝希望對方能更重視我）

針對「朋友在會面中遲到」這項事實，我產生了「希望對方能更重視我」的情緒。

阿德勒曾說過，**「情緒也能由自己決定」**；換言之，倘若我的認知改變了，情緒也可以隨之改變。

不將事實和情緒區分開來，並以情緒爲優先去責備對方或爭執：「你到底遲到幾次了？你都不覺得自己有錯嗎？」只會導致人際關係惡化。

另一方面，一味忍讓同樣有害心理健康。

將事實與情緒分開後，告訴對方「你遲到會讓我浪費時間等你，希望你能準時」，表達出「自己的想法」，人際關係才會改善。

當我們感到暴躁不耐時，很難冷靜下來思考。

但放任情緒變得衝動也多半沒有任何幫助。這時候，不如稍微暫停一下，冷靜一段時間後，再好好整理自己的心情。

心理學上有個概念叫「後設認知」，意思是像個觀察者，以超然的態度客觀認知事物。只要能以俯瞰的角度客觀看待自己，就能沉著地處理了。

除了人際關係，這種方法也能應用於任何煩惱。

比方說，你覺得「經常加班好痛苦」。

「經常加班」是事實，「痛苦」是情緒；「經常加班＝痛苦」則是自己的解讀。因爲不是每個人都會對「經常加班」這項事實感到痛苦。

像這樣，把事實與情感分開來冷靜思考後，就會發現自己眞正的目的。

「之所以覺得經常加班很痛苦，是因爲我想要自由時間。」

發現自己的想法後，你也許就會下定決心要換工作。或者，也許還不至於要轉職，而是開始規畫「如何改變現在的工作」。

「之所以覺得經常加班很痛苦，是因爲我討厭被要求做一堆雜事，結果失去自己的時間。既然如此，我應該要想辦法推掉這些事情。」

當我們把事實和情緒分開來思考，而不再只把焦點放在「痛苦」的情緒時，就能找出自己的「認知」。接著，你就能更深入地挖掘內心，發現自己眞正想要的事物，也就是找到「目的」。

就像這樣，只要將阿德勒心理學的「認識論」和「目的論」結合起來，就可以解決許多人際關係的煩惱了。

只有自己才能傷害自己

當你遭人所傷而備感痛苦時，或是與他人比較後，覺得自卑又煩惱時，我想送給你一句話：**「只有自己才能傷害自己。」**

像是遭人謾罵，或是在社群網站上成爲眾矢之的，這的確很令人震驚沒錯。但是，**因爲遭到攻擊而感到受傷，不過是你自己的解讀**。

這個概念和阿德勒心理學的「認識論」有關。

同樣是遭人惡言相向，有些人會覺得受傷，有些人卻不會。

只要你對自己工作的方式有自信，就不會在意別人在背後嚼舌根「這傢伙其實很廢」。

只要你不糾結於自己仍然未婚，就不會因爲父母一句「還不快點找個人結婚」而覺得受傷。

只要你有自信、喜歡自己，就不會受到任何人傷害。

當別人對你說「你錯了」「我再也不相信你了」，你是會感到震驚，還是乾脆不跟對方計較，一切取決於你自己。

你可以選擇要肯定或否定別人的話，畢竟只有你才能傷害你自己。

隨著我開始學習心理學、越來越常發布關於心理相關的資訊，並在社群網站上擁有更多人脈，我確實曾遭人攻擊，被罵「只會講漂亮話」「滿口胡說八道」云云。

看到這些惡意留言，我還是會感到震驚。

不過，我喜歡自己正在做的事，也對此很有自信，所以不會在意。

我決定了自己要對這些事抱持何種情緒、採取何種解讀。

自己平常的思考方式和價值觀，將決定我們要賦予事情什麼意義。

你怎麼評價自己，周遭的人也會怎麼評價你；如果你覺得「我真沒用」而貶低自己、傷害自己，周遭的人也會這樣對待你。

如果你希望大家重視你，最重要的是你得先重視自己。

你當然可以把自己的人際圈整個換掉，但要是環境不允許，那麼最簡單的方法，就是先從重視你自己開始。

話雖如此，我也不是一開始就能做到這這一點。

此時，最讓我深感共鳴的，是阿德勒的這句話：

「重要的不是你經歷了什麼，而是你如何運用它。」

不需要去追求自己沒有的東西。

你不必非得擁有什麼特殊才能，才有辦法獲得自信。

善用自己目前所擁有的東西就夠了。

常把「我這種人……」掛在嘴邊的人，往往會爲了「自己必須對他人有用」而拚命，或者老是對自己做不到的事在意得不得了。

所以，爲了能喜歡自己、擁有自信，請多多注意自己的「小小成就」。

「工作進展符合自己的預期。」

「有五分鐘的時間可以念書。」

「成功早起。」

「試著自己做飯。」

就算是這麼瑣碎的小事也沒關係，試著肯定自己的「成就」吧。也可以在上床就寢前，在筆記本裡寫下「今天的成就」。

只要聚焦於自己完成的事，就會漸漸產生自信，越來越喜歡自己。

像這樣奠定好基礎後，就不會再因爲別人的閒言閒語而煩憂，也不會再因此受傷。

只有自己才能傷害自己。至於如何解讀，你可以自己決定。

讓人際關係的煩惱歸零！

因爲學習阿德勒心理學的緣故，我改變了往來的對象，也改善了原有的交友關係，幾乎不再有人際關係的煩惱了。

當然，在我談論夢想時，還是會有人潑我冷水、說出「這怎麼可能」之類的負面詞語，社群網站上也有酸民仗著不必露臉而中傷我。但只要自己的人生夠充實，根本不會有空去管那些人。

阿德勒心理學裡有個稱爲「賦予勇氣」的技巧。

第 1 章曾提到，勇氣是「克服困難的活力」。

前面我談到自己的事情時曾說過，擁有能互相切磋的夥伴是值得慶幸的事，而在我的成長過程中，也少不了願意說出「你一定辦得到」、能彼此賦予勇氣的夥伴。

如果想要別人感謝你，就先主動感謝別人；如果想要對方體貼你，重要的是自己先主動體貼對方。

我能與職場上愛推卸責任的同事培養良好的關係，也是因爲我主動帶著善意面對他。倘若我繼續敵視他，這段關係想必會惡化。

阿德勒心理學的「賦予勇氣」，注重的是無條件的尊敬和信任。

「人際關係並非建立在信用，而是信任。信任是即使沒有附加條件或擔保，也願意相信對方；即使有可能遭到背叛，也依然相信。」

這是阿德勒說過的話。

信用，是需要附加條件才能相信對方。比方說，銀行願意貸款給我們，是根據我們過去的表現或提供某些擔保為條件，這就是信用。

用人際關係來比喻的話，信用是來自於「因為你願意○○」「因為你過去的表現良好」。如果沒有過往的成績做為保證，就會失去相信的前提，導致這段關係無法延續，這並不是阿德勒鼓勵的信任方式。

我認為能互相激勵的朋友，最好是「信任」更勝於「信用」的人。

因為沒有前提條件的關係，才能讓彼此不論遇到什麼問題，都能互相幫助。

賦予勇氣

阿德勒的名言

「人際關係並非建立在信用，而是信任。信任是即使沒有附加條件或擔保，也願意相信對方；即使有可能遭到背叛，也依然相信。」

激勵自己的話語 使用肯定語詞來振奮自己

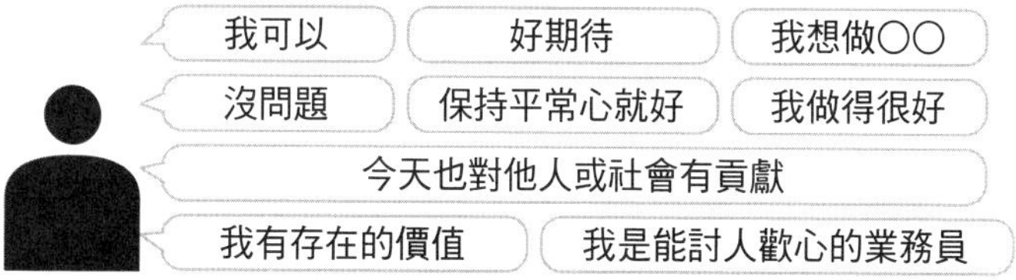
我可以
好期待
我想做○○
沒問題
保持平常心就好
我做得很好
今天也對他人或社會有貢獻
我有存在的價值
我是能討人歡心的業務員

我去拜訪客戶談生意時，常會說「我是能討人歡心的業務員」「一定沒問題，我能為對方效勞」來肯定自己。

激勵對方的話語 使用肯定語詞以互相支持

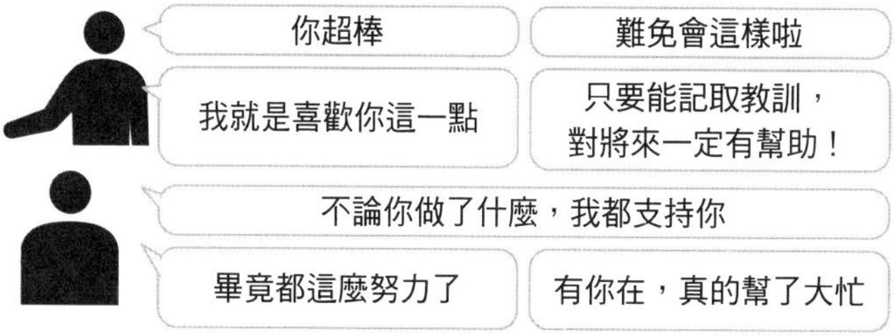
你超棒
難免會這樣啦
我就是喜歡你這一點
只要能記取教訓，
對將來一定有幫助！
不論你做了什麼，我都支持你
畢竟都這麼努力了
有你在，真的幫了大忙

我曾在好友心情低落時對他說：「不管你想做什麼，我都支持你！」當時我還沒接觸阿德勒心理學，卻自然而然就去激發對方的勇氣了（後來對方也說「我真的有被你支持的感覺」）。

追蹤數≠受他人信任

即使在社群媒體上有號召力、有很多粉絲追蹤，但這些粉絲多半只是因爲你過去的表現和經歷才追蹤你（＝信用），並無法維持太久。更何況，當你遭遇失敗、變得一無所有時，很可能根本沒有半個粉絲願意出面幫助你。**眞正可以互相賦予勇氣的夥伴，是能感受到你本身的價值並支持你的夥伴（＝信任）。**

我有幾位朋友，交情好到讓我覺得「要是他遇到困難，不論他身在何方，我都會過去幫忙」「要是他身無分文，我可以養他一陣子沒問題」。我衷心支持這些夥伴，他們也打從心底支持我。

因爲有他們，我才能相信自己並貫徹想做的事；遇到困難時，也能毫不猶豫地向他們求助（有幾位客戶是這些夥伴介紹給我的，想必他們認爲我「不可疑、值得信任」，才會願意介紹吧）。

至於如何判斷是信用或信任，阿德勒心理學是以**「功能價值」**與**「存在價值」**的概念做爲基準。

功能價值，是將焦點放在個人的能力和技能，藉此評估有無價值。從另一個角度來說，「沒有能力的人就沒有價值」就是所謂的「信用」。

存在價值，則是將價值放在一個人的存在本身，也就是阿德勒所說的「信任」。

在了解對方優缺點的基礎上，選擇信任對方。假使那個人失敗了，或是造成了你的麻煩，你依然相信他。

雖說「如果想得到支持，就要先主動支持對方」，但如果對方是基於「信用」（在乎你的表現和能力）才支持你，就代表他看重的並不是你整個人。

只要你能感受到對方本身的價值，願意「衷心支持他」，對方也必定能感受到你的心意，願意無條件支持你。

透過社群媒體，我確實認識了值得信任的夥伴。

因此，這種關係並不是只在現實世界中才會發生。

有一句知名的非洲諺語是這樣的：

「如果你想走得快，就獨自前行；如果你想走得遠，就結伴同行。」

若你渴望大幅成長或取得豐碩的成果，就去尋找能一同遠行的同伴吧。

我依照自己的目的改變了使用的詞語和往來的朋友，使周遭的人際關係逐漸轉變。人際關係改善後，就能筆直地朝著自己的夢想和理想前進。而從這個時期開始，我慢慢實現了「獲得副業收入」的目的。

在下一章，我會向各位說明這段變化。

第 4 章重點整理

第 4 ～ 6 個月的變化

- ▼只與積極正向的人往來。
- ▼改善了與討厭之人的關係。
- ▼擁有更多能互相扶持的夥伴。

column

3

不論育兒或培育部屬，「賦予勇氣」都有效！

「賦予勇氣」是阿德勒心理學裡非常重要的概念，不論是育兒或培訓部屬都很有用。

在育兒方面，就是「不稱讚」「不責罵」。

要做到「不稱讚」和「不責罵」，則需要「表達感謝」與「注重過程」。

前面提過，透過讚美所建立的是「縱向關係」，是上對下的支配。要做到不稱讚也不責罵，父母需要以自己為主詞，用「我訊息」來表達自己的想法。

比方說，若是用「你好厲害」這種以對方為主詞的句子，就會變成「稱讚」。

至於「注重過程」，則是不以結果來讚美或責備對方，而是認同對方在整個過程中的努力。

事實上，結果的好壞有很大一部分取決於運氣。就算失敗了，下次再努力就好。能讓人繼續付出行動、再度挑戰的活力才是「勇氣」。

培訓部屬也是同樣的道理。

身爲主管，應該思考部屬工作的目的是什麼，而自己又能做些什麼來幫助他實現目的。此外，爲了讓公司持續成長、獲利，主管也必須告訴部屬，公司的目標是什麼、對他又有什麼期望。

這時，使用「我訊息」也很重要。不是說「你應該○○」，而是改成「我（公司）期望你能夠○○」。

這時要注意的是，不能對部屬施壓、逼他回應期待。主管當然可以表達自己的期望，但是否要回應，則是部屬自己的課題。

賦予勇氣，需要的是「橫向關係」，請別用稱讚和責罵建立「縱向關係」。

第5章

如何才能隨心所欲地工作與生活？

——第7～9個月．重新評估環境

「整體」開始漸漸改變

第7～9個月的我

▼收入尚未達到目標（目標＝相當於正職薪水的收入）。
▼認為「要是繼續上班，就無法實現理想」。
▼尚未充分理解什麼環境才能讓自己更容易朝著目標成長。

開始做自己想做的事、周遭的人際關係變得更好之後，其他事情也跟著漸漸順利起來。因為，在這段期間，我的兼職收入終於超過十萬圓了！

原以為，一個上班族不可能實現理想中「在喜歡的時候待在喜歡的地方」這種生活，但我還是在上班的同時慢慢實現了。這一章，就來跟大家聊聊這段體驗。

不必辭職，也能工作得隨心所欲？

開始從事人生教練的副業後，不但讓我漸漸在正職以外也能賺到錢，也產生了自信。

說實話，教練這項技能人人可學，但比技能更重要的，是人。

對方會不會成爲我的客戶，取決於我能否讓他產生「想跟這個人商量」「希望這個人能幫助我」的感覺。

有人選擇了我，便意味著他們感受到我這個人的價值。

這是第零個月的我根本想像不到的成長。

在我逐漸獲得成就感之後，「想對他人更有貢獻」的想法也越來越強烈。於是我開始思考：「還有什麼事情是我能做的？」第一項投入的就是出版 Kindle 電子書，也就是亞馬遜網站提供的電子書服務。

這項服務不需要透過出版社，即使是個人也能出版書籍。

從第零個月開始就養成閱讀習慣的我，十分嚮往寫書。再加上朋友曾有Kindle的出版經驗，於是我請他教我方法，正式朝寫書之路邁進。

不需要成爲大人物

寫書，代表著「有人會透過書籍讀到我想傳達的想法和技巧」，是非常有價值的事。

當然，做起來並不簡單。我平常要上班，每天還要早起抽空讀書，爲了寫出流暢易懂的文章，我一邊學，一邊練習，一邊持續寫作。

書市上已有許多由經驗豐富的專家所撰寫的教練書，但我認爲，正因爲自己是初學者，才能寫出初學者需要的內容，於是以新手教練爲目標讀者，將書名定爲《世界最簡單的教練教科書》。

後來，這本書的讀者逐漸增加，眞的很值得感謝。

不需要一開始就立志成爲專業人士，只要思考如何運用自己現在擁有的東西就好。

在出版電子書時，我也十分重視阿德勒的這個觀念。

「什麼是我能寫的？」

「什麼是我才能寫的？」

我專注於思考這幾個問題，又出版了如何將阿德勒心理學落實在生活裡的電子書，以分享我個人的經驗談爲主。

在這之前，我其實已經出版了幾本電子書，但每個月的收益有五千圓就很不錯了。沒想到，那本書才剛出版，月收益就超過了一萬圓。

因爲那本書，我學到了阿德勒**「每個人隨時都能開始改變」**的思維。

我不需要成爲什麼大人物。

我也有崇拜和憧憬的人。

但有些事，只有自己才做得到。

每個人都有價值。找出自己的價值，慎重地面對它、培養它，一點一點分享給別人，周遭的人對你的態度就會逐漸改變。

透過出版，我感受到「如實的自己就很有價值」。

最大的變化是，我愛上了自己的正職工作。

前面提過，我理想的生活型態是「想在喜歡的時候待在喜歡的地方」，也覺得身爲工作地點和時間都固定的上班族，不可能實現這個理想，才會想學習教練技能，期待有一天能自立門戶。

只是儘管我的收入增加了，離獨立創業卻還差得遠。

這時，我開始實踐的是阿德勒心理學裡的**「整體論」**。

整體論的思維是**「人類的身心是不可分割的一個整體，朝著目的而活」**。

簡單來說，人的思考、情緒、行動都朝向同一個目的，不會互相矛盾。我覺得「目前的副業收入還不足以讓我自立門戶，要達到目標好難」，認爲「想在喜歡的時候待在喜歡的地方」的理想與現實仍有落差。

但是從整體論的角度來看，其中並沒有矛盾，因爲「現在的結果正是我所期望的」。

我能賺多少錢，固然有部分取決於對方，所以還是有不如人意的地方。然而「我想獨立創業但做不到」的想法，正是阿德勒所謂的「人生謊言」。

不是「想獨立創業，但做不到」，而是「不想獨立創業，所以才做不到」。

我不斷捫心自問：

「我眞的想獨立創業嗎？」

「『想在喜歡的時候待在喜歡的地方』眞的是我想要的生活型態嗎？」

最後，我得到的答案是「我想繼續當上班族」。

當然，上班族的工作方式和我理想的生活型態差距很大，但我也思考了自己「還在當上班族」的目的。

假如我真的想辭職，應該可以馬上遞辭呈才對。

我不可能做不到，畢竟只要交出離職申請書就可以了。

當我思考自己繼續上班的理由時，發現「我喜歡團隊工作」「我喜歡現在的同事」。

在公司這個組織裡、在業務團隊裡工作，與同事們分享喜悅。

能和喜歡的人們共事，讓我覺得很充實，我也發現自己不想拋棄這些。

在那之後，我有了很大的改變。

每天上班八小時，一週工作五天，每週四十個小時的工作時間裡，要是常常心不甘情不願的，未免也太浪費了吧。

當然，我仍覺得地點和時間都被綁住的工作很不自由。

不過也是在這種狀況下，我一邊思考自己「想以上班族的身分做什麼」，一邊感受團隊工作的趣味，日子過得越來越充實。

而且我聽說「教練技巧對於培訓部屬和育兒也有幫助」，便開始帶著傾聽的姿態，以尊重對方主體性的方式面對後輩。

這麼做的結果，讓業務和教練的工作得以相輔相成，得到加乘效果。這是以前的我根本想不到的方法。

我對現在的狀態只有滿滿的感謝，也不再抱怨自己無法掌控的事了。

明明是無法掌控的事，卻還希望如自己所願，就好比試圖阻止雨水落下一樣。下雨，就撐傘；遇到自己無法控制的狀況，只要做自己能力所及的事就好。

一開始，我只看得見當上班族的壞處；後來才發現，上班不但能每個月穩定拿到薪水，公司也會保障員工的福利，還是有很多值得感謝的好處。

至此，不論是業務工作、人生教練，還是寫作出書，全都順利步上軌道。

但神奇的事現在才要發生。

當我開始享受上班族生活後，教練的案子竟然變多了！

朋友表示：「認識的人對教練有興趣，介紹給你好嗎？」

除了客戶增加，還有即將在Kindle出書的人委託我幫忙檢查書稿。

回顧自己過去的經歷時，總讓我想起一位尊敬的前輩說過的一句話。

「討厭工作可以辭職。但要是這麼做，就算換了工作也不會順利。因爲沒人會想跟嫌棄上一份工作的人共事，也不會想把任務交給這種人。」

看在當時的客戶眼裡，我這種一邊上班，一邊想著「什麼時候才能靠副業自立門戶」的人或許很沒魅力吧（我還眞想跟當時的客戶道歉）；說不定我還皺著一張臉、散發出陰暗的氣息呢。

不過，在我開始享受工作後，就連自己也發現自己有了非常大的改變。

我的表情也變得柔和許多，甚至還有人說「你的神情都不一樣了」——很多人都這麼對我說，應該不是我的錯覺吧。

如果拿我幾年前的照片和現在相比，差異大到連我自己也看得出來：現在的我看起來年輕多了。

如果你現在工作得很不情願、沒有錢、戀情進展不順、過得很辛苦的話，請試著察覺自己其實「活得很滿足」。

就算是小事也好，請找出能讓你覺得慶幸、開心的事吧。

世上的一切端看個人怎麼解讀。

一切取決於自己的認知，事件本身並沒有任何意義。

我原本的認知是「討厭當上班族」，但我不過發現「自己現在很滿足」，就變得「喜歡當上班族」了。

事實不可能改變，能改變的只有我的認知。

滿足的人才會吸引到滿足的人。

因此我才確定自己能接到很多案子。

我的理想「在喜歡的時候待在自己喜歡的地方」並沒有改變，在保有上班族的工作之餘，我可以自由運用自己的特休假，或是改成遠距工作，就能在一定程度上實現自己的理想。

而我也開始覺得「當個上班族，一樣可以實現自己的理想」。

凡事取決於自己怎麼思考。

身心要經常保持在「還不錯」的狀態！

這個時期的我，身心狀況也跟著穩定下來。自從我開始用「整體論」思考**「身與心的連結，方能成爲一個個體」**後，身體不適的時候，我也會同時整理內心。反之亦然。

我的興趣是做熱瑜伽，它能讓人神清氣爽，對維持身心健康有很好的效果。光是改善姿勢，就能讓心情變好。比方說：當我們抬頭仰望時，很難思考負面的事；在棉被裡縮成一團時，也很難思考正面的事。

在我開始做熱瑜珈來調整筋骨、改善姿勢後，心理狀況便漸漸穩定下來了。

我也開始減少食量。

最近常常聽到「一日三餐吃好吃滿，反而會攝取過多熱量」的說法（與飲食相關的論點眞的很多，本書就不在這裡多加著墨），爲了維持目前的體態，我除了減少食量，目前一天也只吃兩餐。

此外，還會盡量選擇添加物較少的飲食，呵護自己的身體。

一旦有了「珍惜身體」的意識，心靈也會逐漸充實，更能愛自己。

財務觀念也改變了

對金錢的想法也不一樣了。

前面曾提到，靠著接案和寫書，我的副業收入開始能與正職相提並論了。

沒想到，這也改變了我對收入和支出的看法。

以前我總是消極地認爲「花錢＝錢會消失」，但這其實是我個人的認知，我只是如阿德勒所說，**「戴上了某種顏色的鏡片」**。

後來我的想法轉變成「透過花錢，能讓對方獲得幸福」。

花錢消費，不但能讓賣方知道我覺得它的商品和服務有價值，他的資產也會增加。

「花錢就是做好事」的想法，讓花錢這件事變得開心多了。

但我並不會因此隨便揮霍。

「我真的想要這個東西嗎？」

「我想感謝提供這項商品／服務的人嗎？」

我開始有能力思考這些問題。如果是我希望能繼續經營的餐館，即使定價有點高，我還是會光顧；我也會積極購買自己想支持的樂團周邊。

但另一方面，我再也不會在順路走進的超商裡衝動購物，或是買下自己根本不確定是否真的想要的衣服。

懷著幸福的心情去消費，不但讓我愛上了錢，也想賺更多錢，還我能抱著「想花更多錢＝想讓別人幸福」的想法。

這樣一來，我也能對工作投入前所未有的精力。

擁有了「還不錯的環境」

我認為整體論**「人類的身心是不可分割的一個整體，朝著目的而活」**的觀點，適用於一切事物，包括生活環境。

我先是思考了在家中生活的目的。

其中包括了享受與妻子相聚的時刻，並透過閱讀和看電影來獲取精神糧食。

因此，我會跟妻子一起選購喜歡的餐桌，或是購買讀書和看電影坐的沙發，添購家具以整頓環境。

另外，我堅持住家不能是中古屋，還因此搬了家，也設置了自己的書房。

雖然花了很多錢，但我認為這是為了讓自己處於「還不錯的狀態」必要的支出，完全不感到後悔。多虧當時的堅持，現在的我每天都期待回家，工作以外的時間也過得非常充實，連人生都變得光明了。

此外，我有早晨散步的習慣，所以住家附近一定要有綠意盎然的公園。這個決定不但讓我一早就擁有清醒的頭腦，需要思考時，也可以隨時到公園走走。

每個人對住家的要求不盡相同，可能是「附近要有超市」，也可能「一定要在車站附近，外出搭車才省事」之類的。但**不論是什麼條件，居住環境都會對人生的充實程度產生直接影響，因此最好還是講究一點。**

我對隨身物品也有自己的講究。

我會選購寫起來能讓自己心情更好的筆記本和筆，還爲了布置寫作環境添購了升降桌。在此之前，我經常到咖啡廳裡寫稿、看書，不過更換隨身物品後，在家反而更能更放鬆，也更能專注。

只要慢慢將身邊的環境打造成自己喜歡的模樣，就算在家工作也能順利進行，確實提高產能。

心靈因原本不被重視的興趣而富足

最讓我自己感到意外的改變，是對「興趣、娛樂」的觀點。

以前我認爲娛樂是頭號大敵。

我本來很愛看漫畫，在實踐阿德勒心理學的第六個月時，覺得「看漫畫對自己的將來毫無幫助，只是浪費時間」。沒想到當我把身邊的環境整頓好之後，對娛樂的想法也變了。我開始認爲，如果要塑造出「狀態還不錯的自己」，投注在興趣和娛樂上的時間可說非常重要。

現在，我不只看漫畫，也開始讀以前從不讀的小說。眞的，大家只要翻開頁面就會明白，小說和漫畫能教我們的東西眞的很多（總覺得我會被原本就喜愛閱讀的人吐槽：「這不是廢話嗎？」）。

在這許多作品中，有些成爲我的人生指引或動力來源，有些書籍的內容架構還能應用在我自己的寫作上。

只要找出目的，任何事物都可以化爲自己的力量。一切取決於你怎麼想。

如果將興趣和娛樂視爲能豐富人生的要素，它們就眞的能讓人生更美好。

現在，娛樂已經是我生活中不可或缺的一部分了。

各位覺得如何呢？

我以阿德勒心理學的「整體論」爲基礎，實際整理了我身邊所有的環境。工作、健康、金錢、生活環境、娛樂——只要缺少任何一項，我就會遠離自己的理想人生。

也因爲有這「重新評估環境的三個月」，人生的充實度和幸福度才得以上升。

第5章重點整理

第7～9個月的變化

▼愛上了上班族的工作。

▼兼職的收入已等同於正職薪水。

▼擁有健康的身心。

▼能確實感受到花錢的價值。

▼重新評估環境，能以自己喜歡的物品生活。

▼體會到興趣和娛樂的價值，並用來幫助自己成長。

column

4

用雷達圖評估人生的充實度

在這裡，我要介紹一項稱爲「雷達圖」的工具，能幫助大家評估現有的環境。

我們大致將人生分成八個類別，除了前面提到的工作、健康、金錢、生活環境、娛樂之外，再加上家庭、人際關係和自我成長這三項。

這張圖的使用方法如下：

一、滿分十分，請根據自己對目前環境的了解來打分數，並畫在雷達圖上（越靠近圓心，表示分數越低），同時，也請寫出自己評分的理由。

二、請想像一下，如果獲得滿分的話，會是什麼樣子，並將它寫下來。

三、請思考自己能做些什麼來提高分數（就算只增加一分也可以）。

四、實踐第三項所想到的事。

我經常讓客戶塡寫這張雷達圖。因爲這份圖表能確實幫助我們全面性地思考人生的充實度，非常建議各位使用。

我在第 5 章所實踐的這一切，也都是使用這張表的結果。

希望你的人生也能盡量提高分數，變得更充實。

重新評估環境

阿德勒的名言

「人是不可分割的整體，為了某個目的而活。」

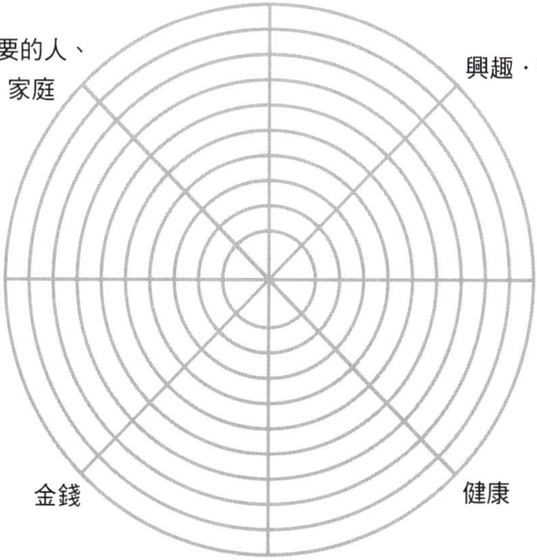

第6章

什麼是眞正的幸福？

——第10～12個月・讓人生加倍滿足

這樣實現「理想的自己」

第10～12個月的我

▼不知道該怎麼做才能讓自己更幸福。

▼不曉得該如何與他人深入交流。

▼想更了解社會意識。

透過實踐阿德勒心理學，我大幅改變了自己的思維和觀點，收入和人際關係等所有讓人生更充實的要素都逐漸朝自己想要的方向好轉。

到了第十～十二個月，我開始更進一步思考：「什麼是眞正的幸福？」

「收入增加，就會幸福嗎？」

「人際關係滿足了，就會幸福嗎？」

「生活環境和健康都符合自己的期望，但這樣就夠了嗎？」

當我思考這些問題時，阿德勒的這句話撼動了我的心。

「除了重視自己的利益，也要重視夥伴的利益。施比受更有福，這是獲得幸福的唯一方法。」

不只在乎自己，也要顧及他人，這樣才能得到幸福。

對他人有所貢獻，並獲得對方的感謝，這確實是天大的喜悅。

接下來，我將爲各位介紹阿德勒心理學如何看待「對他人的貢獻」，而我自己的親身體驗又是如何。

人生的終極目標「社會意識」

適合在最後一章談到的，莫過於阿德勒心理學中最重要的目的——社會意識。

阿德勒將社會意識視爲「人類的終極目標」。

第一章也稍微提過，社會意識就是體會到**「自己是自身所屬社群的一分子，並生活在其中」**。

這是一種「不只爲了自己的利益，也想對自己所屬的社群有所貢獻」的感覺。阿德勒之所以將這種意識視爲人類的最終目標，是因爲人終其一生都活在與他人的關連之中。

「課題分離」要求我們將自己與他人區分開來思考，但這並不是指自我中心，也不是要你只考慮到自己。它其實是指「必須拋棄對別人的期待和執著」，而不是要我們「與他人撇清關係」。

對他人有貢獻，才能感受到幸福。

比方說，在餐廳用完餐，稍微擦拭一下桌面；在路上遇到迷路的人，主動上前協助。就算只是非常瑣碎的小事，也算是對他人有所貢獻。

話雖如此，有時眞的很難確定自己是否眞的對別人有貢獻。

當我爲此煩惱時，阿德勒的這兩句話拯救了我。

「感受到『自己有用處』就好，不必期待對方的感謝和稱讚。貢獻感只要能『自我滿足』即可。」

「別人不是爲了你而存在。爲了『他不願意幫我做某事』而煩惱，便充分證明你只想到自己。」

自以爲親切又何妨！

「貢獻感只要能『自我滿足』即可。」

這句話震撼了我。

我會懷疑：「這樣做眞的算是對他人有貢獻嗎？」但是從「課題分離」的角度來看，對方要不要感謝我，那是「對方的課題」。

我無法控制對方的想法。

重要的不是對方是否感謝我的「結果」，而是我爲對方著想並採取行動的「自我滿足」。

了解這一點後，我不再管別人是否看見或察覺，只專注在自己想做到的親切。

而我也逐漸明白「貢獻他人」的意義。

再回到有關社會意識的討論。

「社會意識」是對社會和社群有貢獻的主觀感受，可分成「接納自我」「信任他人」「貢獻他人」和「歸屬感」這四項要素。

・接納自我：接受最真實的自己。

・信任他人：把周遭的人都視為夥伴、接納他們，也就是培養「身邊的人都是夥伴」的意識。

・貢獻他人：當自己逐漸滿足時，自然就會對夥伴產生「想為他們貢獻」的心情。

・歸屬感：指自己「可以待在這個社群」的感覺。

這些全都滿足後，就能得到「社會意識」。

若談到我現在所屬的社群，最接近的果然還是公司。

我愛上了上班族的工作，但我還是需要思考一下，自己是否得到「我隸屬於這個社群（＝公司）、對它有貢獻」的感覺。

我認為的「接納自我」

「接納自我」就是接受最眞實的自己。

雖然我從事業務銷售的工作，但我覺得自己缺乏說話技巧。我曾對此感到自卑，也曾懷疑自己是否根本不適合當業務。儘管我不擅長說話，但我同時也在擔任人生教練，相信自己有傾聽的能力。

每個人都有自己的特長，不需要去想自己哪裡技不如人。即使在與他人比較後得到優越感，但只要遇到比自己更傑出的人，這股優越感馬上就會受挫。

過去的我煩惱自己缺乏說話技巧，還因爲比不上其他業務而氣餒，認爲這就是我的缺點。

但只要換句話說，缺點也會變成優點。因爲所謂的「缺點」不是「缺乏的點」，而是「不可或缺的點」。

重要的是在自己以爲的缺點中發掘出好的一面。

「不是『陰鬱』，而是『溫柔』；不是『反應慢半拍』，而是『謹愼』；不是『老

是失敗』，而是『面臨許多挑戰』。」

這是阿德勒說過的話。

經常丟三落四的人，可能是對事物不執著的人；容易衝動的人，可能是爲了自保而勇於挺身捍衛的人。

只要想想自己爲什麼會把這些特徵視爲缺點——也就是察覺背後的目的，必然能發現其中的意義。

請各位好好面對自己的特徵，提高接納自我的程度。

我認為的「信任他人」

接著，是「信任他人」。

信任他人，就是無條件將他人當成夥伴信任——不是信用，而是信任。

信用是需要某些擔保才願意相信，「對方幫助我，所以我相信他」，這當中有交換條件，所以是「信用」。

當我思考自己能否無條件相信周遭的人時，實在覺得自己做不到。

就算問我是否信任公司裡的所有人，我也無法乾脆地給出肯定的答案。但我卻覺得自己有辦法信任已熟悉其人品的人。

比起「做什麼」，我更重視的是「誰來做」。

因爲一旦戴上「不喜歡對方」的鏡片，就算對方做了好事，我依然會覺得厭惡。

是否喜歡那個人本身？
是否理解那個人的人品？

這是信任他人非常重要的元素。

我並不認識公司裡的所有人。但我在私底下會與自己所屬分公司的同事見面，平常也保有良好的溝通，所以我敢說自己「信任」他們。

只要覺得自己喜歡那個人，就有辦法信任對方。

「這些人會在我遇到困難的時候伸出援手。」

會產生這種感覺，就代表信任他人；只要能無條件相信，就會覺得「我想爲這些人做些什麼」。

假設你現在對任何人都有沒這種感覺，但多少還是有志同道合、能讓你覺得「可以跟他好好相處」的人，建議你可以在私底下跟他們見面、出遊，設法了解他們最眞實的樣貌。

雖然有人覺得「假日才不想跟同事見面」或「我想把工作和私生活分開」，但我並不會這麼想。畢竟他們是跟我一起工作的人，如果不喜歡他們，就無法把工作做好。

也有人主張「不要把個人情緒帶進工作」，但這是強人所難。

無論如何，人都會有情緒。就算在工作，我們也會不自覺地以嚴厲的態度對待討厭的人，主動搭話的次數也很少。

因此，我喜歡自己所屬的公司同事，也才確定自己能信任他們。

我認為的「貢獻他人」

接著要談的是「貢獻他人」，也就是能否感受到自己對組織有貢獻。

我在公司已經不算菜鳥了，也開始負責重要的客戶，多少能感覺到自己對公司有所貢獻。

但我剛進公司的時候，卻完全不這麼覺得。

如今回想起來，新人可利用身分之便，爲組織帶來新的氣象，或是以新人特有的靈活思考爲組織帶來正面影響，能爲公司貢獻的地方很多。

如果你認爲「我對周遭的人沒有貢獻」的話，不妨仔細思考自己爲整個群體帶來了什麼影響。

每個人都有自己的職責。

在我脫離菜鳥期、開始被當成老手後，才終於感受到自己能「貢獻他人」。

我也很明確地認爲自己的職責是培育部屬和後輩。

我也想在公司裡活用教練技巧，面對後輩時會注意「營造便於開口的氣氛」「保持認眞聆聽的姿態」和「比起給予忠告，更優先顧及對方的意願」。

這些行動都是我自己想做的。

正因如此，我才會感受到其中的價値。

也因爲公司把這些事交給我，我對公司才會有「貢獻他人」的感覺。

我認為的「歸屬感」

當時我也產生了「歸屬感」，覺得公司就是自己的容身之處，也在公司獲得了近似「社會意識」的感受。

阿德勒認爲，**「一旦有了社會意識，就會覺得自己不是被分割的個體，而是整體的一部分，這有助於建立良好的人際關係」**。

的確，實踐阿德勒心理學後，我在職場上曾遇到的煩惱幾乎都消失了。

於是我明白，如果能完整實踐阿德勒心理學，自然就能達成終極目標「社會意識」。

而且正如同前面所說的，擁有公司以外的容身之處也很重要。

因此，建議各位多隸屬於幾個社群比較好，萬一覺得「這裡實在容不下我」的時候，才有路可逃。

接下來，將更進一步告訴大家，如何選擇能獲得社會意識的社群。

比起「事」，更注重「人」

舉例來說，假設有個基於共同興趣集結而成的社團或線上沙龍。

興趣相同的話，確實比較有可能合得來；但「合不合」這件事，卻跟興趣沒有關係。

重要的並不是興趣這件「事」，而是擁有這項興趣的「人」。

即便是因爲共同興趣而聚在一起，如果不喜歡這個社群裡的人，就無法產生社會意識——畢竟沒有人會想爲不喜歡的人貢獻。

當然，還是得實際進入社群才會知道自己是否喜歡裡面的人，但只要感覺不對勁，直接離開就好了；若是覺得待在那裡很舒服，那就繼續待下去。

藉由這項標準，我也因此脫離了好幾個社群。

社群不只是基於共同興趣而成立的。商場上的夥伴、家庭、伴侶……也都是社群的一種。

你對身邊的人有社會意識嗎？

你是否接納自己、信任他人、貢獻他人、擁有歸屬感？

即便是像家人如此親近的存在，也可能否定你自身，因此，如果狀況眞的不妙，大可趕快逃離，去尋找能讓自己安心的容身之處。

阿德勒還主張，就連地球和宇宙，也可視爲社群，人類也應該對此產生社會意識。

他的格局還眞大呢。

畢竟他說過，這是「人生的終極目標」，要獲得這種感覺，可能眞的沒那麼容易。

實踐阿德勒心理學到現在一年了。

我獲得了滿足、對身邊的人產生了社會意識，於是我思考：「自己能爲這個社會做什麼？」

雖然都是些芝麻小事，不過我會留意「食物要吃完，不要浪費」「到各地旅行，在當地消費」「珍惜地球上的動物和各項生物」「擔任志工或捐款」。

只要能產生「就算是小事，自己也對這個社會有用」的感覺，就會覺得「自己可以待在這個社會裡」。

自己獲得滿足後，就會想滿足別人。

許多成功的企業家都會設立基金會，或是捐款幫助需要的人，由此可見，「想對他人／社會有所貢獻」是很自然的想法。

因此，我們不需要特地把「要對他人有貢獻」放在心上，也完全不必因爲做不到而厭惡自己。

請先滿足自己。

無法珍惜自己的人，也無法珍惜別人。

身而爲人，只要在社會上與他人有所關連，就會產生各種錯綜複雜的思緒。

如同前面說過的，我們透過與他人的關連來塑造自己的性格、培養價值觀。就算現在的你並沒有「想貢獻他人」的念頭，那也不過是被你目前的性格和價值觀隱藏起來而已。

首先要了解自己。

尋找自己的眞心。

這件事非常重要。

找到自己要追求什麼之後，只要滿足自己就好了；滿足自己之後，意識就會接著轉向他人。

到時候，再開始爲他人貢獻就可以了。

比方說，你想爲他人貢獻，但明明自己的工作已經滿檔了，卻還是扛下前輩交辦的所有任務，就算能幫上前輩的忙，自己也會崩潰。

重點在於，應該在能掌控自己的工作、心理上也不覺得負擔過重之餘，才接下前輩拜託的事情。

「我能幫助這個人。」

「而且他願意拜託我。」

「我和前輩之間的關係很令人安心。」

這就是社會意識，也才是能讓自己認定「這裡是我容身之處」的方法。

阿德勒曾說過：

「一個人若是感到無處容身，精神就會失常，酗酒成性。只要藉由貢獻他人，確保容身之處即可。」

先滿足自己，接著再貢獻他人。

這就是獲得社會意識的過程。

我本身也是從小事開始，一點一滴地爲社會付出，就連寫這本書的當下也是如此。

今後，我也想繼續爲認識的人、地區和社群，做自己能力所及的事。

因爲與這些人的連結，會帶我直接通往幸福。

現代是個物質化的社會。

正因如此，與他人連結的感覺和共存一處的歸屬感才會如此重要。

只要能夠切實感受到自己與他人的連結，覺得自己確實擁有容身之處，人生必定會好轉。

持續更新「快樂的人生」

就這樣，幾個月前，我還是個找不到自己想做什麼的人，但當時的我根本無從想像的變化，就這麼發生在自己身上了。

如果沒有接觸阿德勒心理學，或許我現在還活在別人的目光之下，絲毫察覺不到自己想做什麼吧。

或許我的人生仍是得過且過，只求滿足當下的需求而活。

我並沒有要否定這種生活方式，只是覺得，人生還是有個目的比較快樂。

我可以光明正大地說，現在是我此生最快樂的時刻。

而且，這分心情每年都會更新。

當然，我還是會覺得難受，還是會遇到辛苦的事，但一想到這是出於自己的選擇，我就能樂在其中，享受克服難關的快感（也就是阿德勒心理學的「創造性自我」）！

請各位務必透過適合自己的方法，在人生中實踐阿德勒心理學。

第6章重點整理

第10～12個月的變化

- 工作和職場人際關係都變得充實。
- 只待在自己覺得舒服的地方。。
- 開始有意識地要求自己「食物要吃完，不要浪費」「到各地旅行，並在當地消費」「珍惜動物和各種生物」「擔任志工和捐款」。

後記
奔馳在自己選擇的道路上

感謝各位讀到最後。

不知道這本書是否充分傳達了阿德勒心理學的魅力了呢？

我之所以會想一年讀一百本書，是因爲**「學以致用，才能化爲力量」**。阿德勒心理學也是，需要實際運用，才能產生力量，只是一味吸收理論沒有意義。

自己的人生掌握在自己手裡，請各位務必將阿德勒心理學應用在生活中，朝著自己想要的人生前進。

希望未來有緣能再與各位相會。

最後，我想說一件事。

出版紙本書是我的夢想。

我非常喜歡閱讀，也一直很想自己寫書，並出版了幾本 Kindle 電子書。但除了個人出版的電子書，我也很想出版會在書店上架的紙本書；甚至還曾在客戶面前脫口而出，說自己的夢想是「出版紙本書」。

沒想到我眞的實現了。

感謝當初決定出書時，最先表達支持，也最常陪伴在身邊的妻子。雖然我現在跟家人分隔兩地，但他們始終守護著我，我對此十分感激。

衷心感謝大和出版的葛原小姐邀請我出書。因爲工作的緣故，我寫稿的進度可說十分緩慢，但她總是體貼地配合並從旁協助。

此外，因爲出版 Kindle 電子書而結識的作家同行，也總是支持著我，在此表達萬分感謝。

因爲有大家，我的夢想才得以實現。

最要鄭重感謝的，莫過於願意翻開這本書的讀者。

願你的人生能因爲這本書而更加充實。

國家圖書館出版品預行編目資料

以阿德勒為人生教練的一年：工作、人際、收入都變好的一年／小泉健一 著；
陳聖怡 譯 – 初版 – 臺北市：究竟出版社股份有限公司，2024.12
224 面；14.8×20.8 公分 --（New Brain：44）
譯自：今さらだけど、アドラー心理学を実践してみたらすごかった！
ISBN 978-986-137-466-6（平裝）
1.CST: 阿德勒 (Adler, Alfred, 1870-1937) 2.CST: 學術思想 3.CST: 精神分析學
4.CST: 人生哲學
175.7 113016124

Eurasian Publishing Group 圓神出版事業機構 究竟出版社 Athena Press

www.booklife.com.tw reader@mail.eurasian.com.tw

New Brain 044

以阿德勒爲人生教練的一年：工作、人際、收入都變好的一年

作　　者／小泉健一
譯　　者／陳聖怡
發 行 人／簡志忠
出 版 者／究竟出版社股份有限公司
地　　址／臺北市南京東路四段50號6樓之1
電　　話／（02）2579-6600・2579-8800・2570-3939
傳　　真／（02）2579-0338・2577-3220・2570-3636
副 社 長／陳秋月
副總編輯／賴良珠
責任編輯／林雅萩
校　　對／林雅萩・歐玟秀
美術編輯／李家宜
行銷企畫／陳禹伶・鄭曉薇
印務統籌／劉鳳剛・高榮祥
監　　印／高榮祥
排　　版／陳采淇
經 銷 商／叩應股份有限公司
郵撥帳號／ 18707239
法律顧問／圓神出版事業機構法律顧問　蕭雄淋律師
印　　刷／祥峰印刷廠
2024年12月 初版

定價 330 元　ISBN 978-986-137-466-6